Esther Mikus

Kriegssplitter

Episoden und Erlebnisse 1939–1947

Für meine Kinder, Enkel
und Nachkommen

agenda

Esther Mikus

Kriegssplitter

Episoden und Erlebnisse 1939–1947

a

agenda Verlag
Münster
2024

Bibliografische Information der Deutschen Nationalbibliothek

Die Deutsche Nationalbibliothek verzeichnet diese Publikation in der Deutschen Nationalbibliografie; detaillierte bibliografische Daten sind im Internet über http://dnb.dnb.de abrufbar.

Drubbel 4, D-48143 Münster
Tel.: +49-(0)251-799610
www.agenda-verlag.de | info@agenda-verlag.de

Umschlagbild: zerstörter Prinzipalmarkt,
Bildarchiv © LWL-DLBW

Druck & Bindung: TOTEM, Inowroclaw, Polen

ISBN 978-3-89688-812-9

Inhalt

Kriegsrausch

1. September 1939

Mit zehn Jahren hüpfte ich voller Temperament und Freude mittags auf der Diele meinem Vater entgegen und rief begeistert: „Hurra, wir haben Krieg!“

Klatsch.

Ich spürte die Hand meines Vaters – aktiver Stabsoffizier der deutschen Wehrmacht – in meinem Gesicht. „Du weißt doch gar nicht, was Krieg bedeutet“, schleuderte er mir entgegen.

Das war die einzige Ohrfeige, die ich je bekommen habe. Ausgerechnet von meinem liebevollen Vater … Es holte mich aus meinem Kriegsrausch zurück. Warum? Das sollten mich die nächsten fünf Jahre lehren.

Als an diesem Abend mein Vater spät von seiner Dienststelle zurückkam, setzte er sich zu mir auf den Bettrand und erzählte mir von seinem Erleben im ersten Weltkrieg vor Verdun und an der Marne. Ihm hatte die Ohrfeige mehr weh getan als mir.

Aber warum waren alle so freudig erregt? Überall waren Marschmusik, Gelächter und schneidige Soldaten. In den nächsten Jahren konnte ich eindrücklich meine kindlichen Wahrnehmungen revidieren.

Ein münsterscher Bunker 1940–1941

Im zweiten Kriegsjahr war der Blitzkrieg gegen Frankreich siegreich gefeiert worden. Wieder gab es Marschmusik und Siegestaumel.

Später konnte ich die ersten kriegsbedingten Aktivitäten von unserem Wohnzimmerfenster und dem Balkon der ersten Etage beobachten. Im Garten des alten Lazaretts war schon über ein Jahr lang eine riesige Baustelle. Hochinteressant, die schwer arbeitenden Menschen zu beobachten. Wofür die Unmengen an Beton waren, die an Ort und Stelle mit den großen, runden Betonmaschinen hergestellt wurden, war mir jedoch ein Rätsel. Alles ging damals noch mehr oder weniger per Hand und Muskelkraft. Stundenlang habe ich zugeschaut und mich für die Erstellung des ersten münsterschen Bunkers interessiert. Er war und ist auch heute noch für einen Bunker ein architektonisches Meisterwerk. Außerdem derartig robust erstellt, dass eine Sprengung nur mit schweren Schäden in der Wohnbebauung des Kreuzviertels einhergehen würde. So dient er noch heute Behörden und diversen Firmen als Archiv und Lager.

Am Bunker wurden die ersten kriegsgefangenen Franzosen als Arbeiter eingesetzt und mussten schwer schuften. Ein blutjunger „Franzmann“ bediente die Betonmaschine genau gegenüber meinem Ausguck. Er sah sehr nett aus und winkte mir sogar einmal zu. Natürlich reagierte ich nicht darauf. Schließlich war er ein Feind. Doch ich fand ihn trotzdem nett und so habe ich irgendwann doch zurückgewunken.

Beiläufig fragte ich den Polier der Baufirma, ob der Junge ein Franzose wäre.

„Ach der René, der ist ganz tüchtig und hat immer gute Laune, obwohl er ständig Kohldampf hat.“

„Hunger?“

„Na klar, die Gefangenen kriegen nur das Allernötigste.“ Das gab mir zu denken.

Als ich abends meinen Tomatengarten in den Balkonkästen goss, pflückte ich eine besonders große Tomate und ging am anderen Tag damit zufällig an der kleinen Absperrmauer der Baustelle vorbei. Unauffällig legte ich die Prachttomate in die Mauerecke. Als ich eine Stunde später aus dem Fenster blickte, war die Tomate bereits verschwunden. Das ging so ungefähr fünf Tage. René lachte mich immer an. Ein komisches Gefühl.

Als ich meiner Freundin Inge davon erzählte,

sagte sie: „Pass nur ja auf, dass dich niemand erwischt. Kontaktaufnahme mit dem Feind wird schwer bestraft.“

Dazu kam es nicht. René war plötzlich verschwunden. Geflohen, wie mir der Polier erzählte. Ob dieser mein erstes Techtelmechtel wohl beobachtet hatte? Er hat mich jedenfalls nicht verpfiffen.

Die ersten Bombenangriffe 1940–1941

Seit Wochen heulten fast jede Nacht die Sirenen, was für uns nur Alarm bedeutete. Bisher geschah nie etwas. Bis auf die Oberbekleidung angezogen, lagen wir in unseren Betten, schauten kurz, ob unser Notgepäck griffbereit lag, und drehten uns auf die andere Seite, um weiterzuschlafen. Das Getrappel von vielen Füßen, die zum inzwischen fast fertig gestellten Bunker liefen, beunruhigte uns nicht.

Bis zu der Nacht vom 5. auf den 6. Juni 1941. Zwischen elf und zwölf Uhr riss mein Vater plötzlich meine Schlafzimmertür auf und rief mit ungewohnt lauter Befehlsstimme: „Sofort raus, die Christbäume stehen schon über dem Studtplatz!"

Wie bitte? Die Christbäume? Es war doch Sommer!

Egal, wir parierten. Ruckzuck anziehen, Rucksack und Köfferchen gegriffen, die Treppe heruntergerast und durch die Menschenmenge gedrängt, die zum Bunker strömte. Am Bunkereingang wurden wir von Luftschutzwärtern in die unterste Etage eingewiesen. Dank unseres Tempos war diese noch wenig besetzt und so landeten wir in einer Kabine, die man eher Zelle nennen konnte. Diese wurde schon von unseren Nachbarn in Beschlag genommen; von Frau S. und ihren zwei Töchtern.

Irmgard war meine Freundin. Wir kraxelten in die zwei hölzernen Hochbetten. Inzwischen feuerte wie wild die Vierlings-Flugabwehrkanone (FLAK), die auf dem großen Nebengebäude stand. Dort war die Rüstungsinspektion stationiert.

Dann fielen die Bomben. Wir hörten dumpf die Einschläge und spürten die Erschütterungen. Sehr unheimlich! Die Bunkertüren waren noch offen und der Bunker somit mehr oder weniger ein Rohbau. Verängstigt krochen wir von unserem Hochbett und legten uns auf die Bretter der untersten Bettetage. Ich hielt ulkiger Weise den Elfenbeingriff vom Dolch meines Vaters in der Hand.

Ein allgemeiner grässlicher Schreckensschrei. Ein Getöse, das uns erstarren ließ.

Später stellten wir fest, dass große Blechplatten mit lautem Krach in den Gang gefallen waren. Vor Angst biss ich in den Griff des Dolches.

Wurde der Bunker getroffen?!

Nach einer halben Stunde war der Spuk vorbei. Mein Vater und die anderen Männer liefen auf die Straße, um zu sehen, was geschehen war.

Der Bunker wurde zwar nicht getroffen, aber der Dachstuhl der schönen Jugendstilvilla gegenüber unseres Hauses brannte lichterloh, weil er von etlichen Stabbrandbomben erwischt worden war. Auch unser Haus wurde von Bomben getroffen, die aber noch nicht explodiert waren. Mein Vater und die anderen Mieter unseres Hauses hoben sie aus dem Sand, der auf dem Dachboden vorsichtshalber aufgeschüttet war, heraus und konnten sie somit unschädlich machen.

Danach liefen sie zur brennenden Villa auf der anderen Straßenseite. Die unteren Etagen wären noch zu retten gewesen, aber die ältere Dame Frau T. gab den Schlüssel trotz aller Erklärungen und Beschwörungen nicht heraus. Sie saß in unserem Keller, hatte einen Karton mit zehn Eiern auf dem Schoß und war der festen Ansicht, dass man ihre Wohnung plündern wollte. Die Türen einzutreten, wäre aus unerfindlichen, juristischen Vorschriften absolut strafbar gewesen.

Wir Kinder empfanden die gesamte Situation nach dem Angriff als äußerst spannend. Wir liefen durch die stark betroffene Heerdestraße. Diverse Häuser der Finken- und Gertrudenstraße brannten, die Feuerwehr und couragierte Frauen und Männer, viele Hitler-Jugend-Jungs, jeder half. Die Frauen kümmerten sich um die verstörten

Obdachlosen und die weinenden, verängstigten kleinen Kinder.

Plötzlich hieß es: „*Café Timpe*, Ecke Kreuzkirche, Nordstraße, verschenkt den Kuchen!“

Tatsache. Das Haus war nicht mehr zu retten, weswegen die Backstube aufgegeben wurde. Die ganze Tagesration an Kuchen, Gebäck und Brot wurde kostenlos verteilt. Auch ich erhaschte einige Hefeteilchen und beeilte mich, die Familie damit zu überraschen. Es war inzwischen heller Tag und enorm heiß geworden.

Als meine Mutter zum Kuchenfrühstück Kaffee kochen wollte, kam nur ein zischendes Geräusch aus dem Wasserhahn. Es gab kein Wasser mehr! Die Feuerwehr hatte alles zum Löschen verbraucht. Auch alle Promenadenteiche waren leergepumpt.

So kam es, dass ich mit elf Jahren den ersten Sekt meines Lebens zum Frühstück vorgesetzt bekam. Er schmeckte scheußlich.

Zusammenstellung

Jahr	Zahl der Angriffe	Spreng-bomben	Stabbrand-bomben	Phosphor-Kautschuk-Benzol-Kanister	Tote (beurkun-det)
1940	23	190	497	–	8
1941	13	929	10600	–	57
1942	7	110	320	250	6
1943	6	3200	117000	700	580
1944	33	13000	295000	5400	521
1945	20	15000	219000	1800	92
Zus.	102	ca. 32000	ca. 642000	ca. 8100	1264

a) Dazu kommen in auswärtigen Krankenhäusern gestorbene Schwerverletzte (geschätzt) 30

b) getötete Wehrmachtsangehörige, die nicht vom Standesamt Münster beurkundet wurden (geschätzt) 300

Luftkriegsopfer zusammen 1594

c) während der Besetzung getötete Personen (laut Beurkundungen) 50

Gesamtverluste durch Bombenkrieg und Besetzung 1644

Statistik über Anzahl und Art der Bomben sowie der Opfer in Münster aus dem Buch „Bomben auf Münster“, das 1983 von dem Stadtmuseum herausgegeben wurde.

Hurra, die Schule brennt!

1942

Das war die spontane Reaktion ziemlich aller Schülerinnen, als nach einer Bombennacht 1942 die Freiherr-vom-Stein-Schule zerstört wurde. Doch die Freude sollte uns schnell vergehen.

Gut organisiert, wie damals alles war, wurden wir nach kurzer Zeit je nach Platzmöglichkeit von einer zur anderen Schule geschubst. So lernten wir die O-Penne, die Lambertischule – mit viel zu kleinen Bänken für unsere langen Beine – und die Kreuzschule kennen. Schließlich landeten wir für ein Jahr im Annette-von Droste-Hülshoff -Mädchengymnasium.

Nach langem nächtlichen Alarm begann der Unterricht oft erst um zehn Uhr. Wir ausgebombten Schüler hatten jeden Nachmittag Unterricht. Eines Tages machte ich in der Turnstunde eine falsche Bewegung mit dem Ergebnis eines total unbeweglichen Halses und Kopfes. Gemeine Schmerzen. Heutzutage würde ein Kind sofort verarztet werden.

Damals sagte man nur: „Ist von selbst gekommen, geht von selbst.“ Und außerdem: „Ein Indianer kennt keinen Schmerz.“

Na, und ein Hitlerjugendkind wollte doch wohl so tapfer sein wie ein Indianer.

Granatsplitter versus Glanzbildchen 1941–1943

Glanzbildchen, bunt und phantasievoll, waren in meiner Kindheit äußerst beliebt. Fast jede Schülerin hatte ein Poesiealbum, in das alle Mitschüler, Freunde und Verwandte mehr oder weniger sinnreiche Lebensweisheiten und Ratschläge eintrugen. Wenn noch ein Glanzbildchen, zum Beispiel eine rote Rose, ein reizendes Engelchen oder auch ein treu-blickendes Hündchen beigelegt wurde, war die Freude groß. Sollte das Bildchen schon vorhanden sein, wurde in der Pause oder auf dem Nachhauseweg untereinander getauscht.

Aber dann ergab sich eine neue Möglichkeit und weitere Sammlerleidenschaft: Granatsplitter!

Denn wir hatten auch am Himmel Krieg. Jede Nacht verkündete der Volksempfänger Voralarm: „Feindliche Flugzeuge im Anflug über Losser!"

Wenig später legte die FLAK los. Hunderte Granaten schossen in den Himmel und regneten in Tausenden von Splittern zurück auf die Erde. Wenn ich morgens zur Schule ging, fand ich – vor allem auf der Grimmstraße – solche Splitter. Manchmal lagen sie greifbar auf dem Pflaster, vor allem die leichten, flachen Exemplare von der Vierlings-FLAK. Die gezackten, schweren Splitter bohrten sich zwischen die Ritzen der Pflastersteine und mussten mühsam ausgegraben werden. Es ergab sich von selbst, dass wir uns in der Pause diese Fundstücke zeigten. Daraus ergab sich ein Sammel- und Tauschhandel: Drei kleine Splitter gegen ein besonders dickes Exemplar.

Bis zur Evakuierung der Schulen 1943 hatte ich einen kleinen Schuhkarton damit gefüllt. Ganz schön schwer diese Erinnerungsstücke.

Ich war enttäuscht, als ich 1967 feststellte, dass meine Eltern diesen „blöden Kram“ beim Umzug entsorgt hatten.

Kindereinsatz für den Endsieg 1940–1945

Wir Kinder ab zehn Jahren waren stolz darauf, ein klein wenig beizutragen, um den Krieg zu gewinnen. Ich persönlich nahm meistenteils mit Begeisterung, aber auch mit echter Frohn, daran teil.

Als Jungmädel hieß es, Heilkräuter sammeln, zum Beispiel Birkenblätter, Taubnesselblüten und zarte Brennnesselblättchen. Je nach Jahreszeit wurde mittwochs und samstags nachmittags an die zwei Stunden gepflückt und die Ausbeute in Beutel gesteckt. Ekelhaft war das Einsammeln von Kartoffelkäfern, die des Deutschen Lieblingsknolle vernichten sollten. Angeblich von Feinden ausgesetzt.

Mit zwölf Jahren habe ich mittwochs und auch oft samstags bei der Bahnhofsmission mitgeholfen und die Soldaten in den Fronturlauberzügen mit Kaffee versorgt.

Für drei Wochen hatte ich einen Kriegseinsatz in der Fabrik meines Großvaters, Jutespinnerei und -seilerei, geleistet. Toll, Opa zahlte mir pro Tag fünf Reichsmark!

In der Kinderlandverschickung (KLV) wurden wir mit dreizehn Jahren schließlich richtig gefordert. Steine klauben und Heu ernten bis der Rücken fast brach. Unsere armen Hände waren mit Blasen besetzt. Zur Hopfenernte in den Sommerferien wurden wir nach Pfaffenhofen in Niederbayern verfrachtet. Wer einmal Hopfen geerntet hat, weiß, was für eine harte Arbeit das ist. Auch die Hygienevoraussetzungen unserer Unterkunft waren verheerend. Wir haben in der Scheune übernachtet, uns am Brunnen gewaschen und viel Schikane erlitten, wenn wir die Hopfenstaude nicht fachgerecht von der Stange bugsierten.

Natürlich mussten wir Dirndl auch für den Holzvorrat im Winter sorgen. Kohle für die Zentralheizung gab es nur wenig und der Kochherd sowie die Zusatzfeuerung wurden mit Holz gespeist. Dieses mussten wir zunächst heranschaffen. Sei es, dass wir in den Wald zum Holzsammeln gingen, also Äste und abgefallenes Kleinholz auf Leiterwagen hievten oder aber Baumstämme unterhalb der Masereralm verluden. Mindestens eine Stunde Hinmarsch und Rückweg waren zu bewältigen. Dort halfen wir den Forstarbeitern, die langen Stämme, die sie an Ort und Stelle zu Stücken zersägten, auf die Leiterwagen zu heben. Diese Fuhren wurden dann an dem KLV-Lager *Edelweiß* unterhalb des sogenannten Schuhputzbalkons abgeladen. Man stellte uns eine Kreissäge hin – natürlich ohne jeden Schutz –, zeigte uns ein paar Mal, wie die Stücke verkleinert wurden und gab uns eine schwere Axt in die Hand. Dann wurde uns auf freundliche Weise ein Holzklotz vorgesetzt und gesagt: „Schaut, dass ihr fertig werdet."

Wir wurden! Ich jedenfalls habe mich immer mit wahrer Begeisterung sowohl an der Kreissäge als auch beim Holzhacken betätigt. Welch ein Erfolgserlebnis, wenn man nach einigen Stunden einen richtig großen Stapel Holz rechts neben sich liegen hatte. Anschließend kamen die anderen und schleppten die Scheite durchs Haus in den Garten, wo am Anbau des *Edelweiß* eine riesige Holzwand hochgezogen wurde. Auch das musste gelernt werden, wenn man nicht riskieren wollte, dass so eine Mauer mit großem Krach umfiel.

Über jeden dieser Einsätze könnte ich einen gesonderten Bericht erstellen. Wir haben schwer gearbeitet, aber auch viel gelacht. Wir haben geflucht, wir haben geschwitzt, aber nicht gemeutert. Wir taten es ja „für unser Vaterland".

Der letzte Einsatz im Januar 1945 – ich war inzwischen fünfzehn Jahre alt – war die Flüchtlingsbetreuung der armen Menschen, die seit Monaten mit kleinen Panjewagen unterwegs waren. Aus Ungarn, Schlesien und dem gesamten deutschen Osten.

Aus heutiger Sicht sei gesagt, dass wir bei diesen Kriegseinsätzen viel gelernt haben. Nicht zuletzt, manches zu ertragen, was den Charakter stählte. Einfach unvorstellbar.

Totaler Krieg
1943

Im Sommer 1943 wurde Wuppertal dem Erdboden gleichgemacht. Die Fachwerkhäuser brannten in einem Phosphorhagel wie Zunder nieder. In diese Trümmer wurden noch schwere Bomben geworfen. Die brennenden, von Phosphor übergossenen Menschen sprangen als lebendige Fackeln in die Wupper. Eine Schwester oder Schwägerin von Onkel Dolf verbrannte, halb verschüttet, im Keller ihres Hauses. Ihr Mann hielt durch das Kellerfenster ihre Hand, bis sie tot war.

Es passierten grauenhafte Dinge, bei denen mir heute noch eine Gänsehaut über den Rücken läuft. Ein paar Tage später kam die Nachricht, dass meine Vaterstadt Remscheid in einem ebensolchen Bombenhagel niedergemacht wurde. Mein Vater setzte alle Hebel in Bewegung, um zu erfahren, was aus meinen Großeltern geworden war. Wir hörten, dass das Elternhaus meiner Mutter und die daran angrenzende Fabrik ein Raub der Flammen geworden waren. Großeltern, Onkel Franz und Familie aber lebten.

In aller Eile rafften meine Mutter und ich Habseligkeiten zusammen, vor allem Federbetten, Decken und das Nötigste zum Anziehen. Schwer bepackt schleppten wir uns zum Bahnhof, natürlich zu Fuß – denn längst verkehrten keine Straßenbahnen mehr, Taxen gab es nicht und mit den Fahrrädern konnten wir nichts anfangen. Vergebens warteten wir auf einen Zug. Die Gleise waren wieder einmal unterbrochen und man sagte uns, wir sollten mittags wiederkommen. Also gingen wir mit den schweren Koffern und Gepäck zurück zur Studtstraße. Zwei Stunden später wieder zum Bahnhof. Alles bei brüllender Sommerhitze. Es folgte die Fahrt nach Remscheid und das Eintreffen in der total verbrannten Stadt.

Dort habe ich zum ersten Mal hautnah das Grauen des Krieges miterlebt. Die verbrannten Menschen wurden zusammengetragen. Wir hörten, dass die Cousine meiner Mutter unter den Trümmern begraben lag.

Wir schleppten unser Gepäck durch das Lohbachtal hinauf nach Ehringhausen, dem Elternhaus meines Vaters, das stehen geblieben war. Anschließend liefen wir zurück zum Zentralpunkt. Wer diese Entfernungen kennt, kann sich überhaupt nicht vorstellen, das alles an einem Tag zu schaffen.

Der schöne Besitz meiner Großeltern war ein einziger qualmender Trümmerhaufen. Die gelagerte Jute für die Seilerei und Spinnerei qualmte noch wochenlang. Ein Wunder nur, dass meine Großeltern, damals schon über siebzig, in dem verqualmten Keller nicht erstickt sind. Mit übermenschlicher Kraft hatte mein Großvater eine schräg liegende, glühend heiße Eisentür, durch die normalerweise Material angeliefert wurde, aufgestemmt. Dabei hatte er sich die Hände total verbrannt.

Mein Onkel und seine Familie waren in der Nacht im Bunker gewesen. Als wir auf dem Weg zu seinen Schwiegereltern waren, trafen wir meine Großeltern mit verbundenen Händen, entzündeten Augen und leer geweinten Gesichtern. Sie hatten in einer Nacht ihr ganzes Lebenswerk verloren. Ein Bild des Jammerns, das ich heute noch bildlich vor Augen habe.

Doch es kam noch schlimmer. Drei Wochen später erhielten sie die Nachricht, dass ihr jüngster Sohn in Griechenland von Partisanen niedergemetzelt worden war. Zu dieser Zeit waren meine Mutter und ich schon in Reit im Winkl, da unser großer Führer und die NSDAP ein riesiges Evakuierungsprogramm in Bewegung setzten. Die KLV, die Kinderlandverschickung. Auf diese Weise sollten die Kinder und Hoffnungsträger der Nation gerettet werden. Mit sechzehn oder siebzehn Jahren wurden die Jungen allerdings eingezogen und durften als Kanonenfutter dienen. Aber das alles sah man damals anders.

Der Erbdrostenhof in Münster und die „heulende Kurve", so genannt nach dem heulenden und quietschenden Fahrgeräusch der Straßenbahn.

So sah 1945 unsere unmittelbare Nachbarschaft aus. Das Bild zeigt die Kreuzung Studtstraße – Gertrudenstraße.

Hoher Besuch: Gauleiter Meyer inspiziert die KLV-Lager in Reit im Winkl. Angetreten zum Appell: 700 Jungmädel der Mädchen-Gymnasien aus Münster.

Unser Haus Edelweiß wurde als schönstes KLV-Lager ausgezeichnet. Die Edelweiß-Dirndl hielten zeitlebens zusammen. Bis heute.

Der Prinzipalmarkt 1946 nach den ersten Aufräumarbeiten. In der Mitte die Schienen der Trümmerbahn, die in Loren den Schutt auf den Hindenburgplatz brachte.

Im August 1945 empfing mich das total zerstörte Münster. Im Bild der Dom vom Spiegelturm aus gesehen. Da es jahrelang kein Fotomaterial gab, ist das Bildmaterial aus dieser Nachkriegszeit dürftig.

Evakuierung und Heimweh 1943

Am 5. August 1943 war es soweit. Tage zuvor kam der Stellungsbefehl. Wir hatten unsere Koffer und Affen – so wurden die Rucksäcke mit Fellklappe genannt – schon gepackt und marschierten in HJ-Uniform zum Bahnhof. Unser Brotbeutel war gefüllt mit den letzten Süßigkeiten, die unsere Eltern auftreiben konnten, mit dicken Butterbroten und Äpfeln. Es muss gesagt werden, dass wir während des Krieges nicht gehungert haben, höchstens in den letzten Monaten und natürlich in der Nachkriegszeit. Die Feldflaschen waren gefüllt und die Rucksäcke mit Decke über den Rücken geschnallt. Natürlich schleppten wir an der Hand noch einen Koffer oder auch zwei. So wurden wir auf Gleis 1 des Münsteraner Hauptbahnhofes in den bereitstehenden Sonderzug gestopft. Auf dem Bahnhof hatte ich in den letzten Monaten jeden Mittwoch Dienst geschoben, um die Fronturlauberzüge mit Kaffee und Erbsensuppe zu versorgen.

Siebenhundert münstersche Gymnasiastinnen, von der Sexta bis zu den Fünfzehnjährigen waren dort. Ich war damals fast dreizehn. Aber ich glaube, man darf sagen, dass wir alle einen Reifestand hatten, der wesentlich über dem der heutigen Jugend lag. Kein Kunststück, bei den Lebenserfahrungen, die wir damals schon gemacht hatten.

Herzzerreißender Abschied!

Zu allem Überfluss spielte eine Militärkapelle „Muß i`denn, muß i`denn zum Städele hinaus". Abschiedsküsse, Tränen verkneifen, „ein deutsches Mädchen weint nicht", und dann das entsetzliche Seelenelend in den primitiven Holzwaggons der damaligen Zeit.

Von der ersten Sekunde an hatte mich ein Heimweh gepackt, das es mir unmöglich machte, überhaupt etwas zu essen. Stunde um Stunde ratterten die Waggons.

Plötzlich ein Lichtblick. Wir waren in Eisenach, ganz in der Nähe von Gotha. Dort bekamen wir Erbsensuppe durchs Fenster gereicht. Was wäre, wenn ich nun ausrücken, mich in der Bahnhofstoilette einschließen und später zu meiner Tante nach Gotha fahren würde? Dann wäre ich aus dieser Masse zumeist fröhlicher Mädchen entschwunden. Ein paar Mark hatte ich ja in der Tasche. Mein Hang zum Individualismus wurde mir in diesem Moment zum ersten Mal bewusst. Aber die Angst, als fahnenflüchtig erklärt zu werden, hielt mich in Schach.

Ich blieb im Zug und brauste durch die Nacht.

Endlos, endlos. Morgens in München zu sein, trieb mich an. Ich wollte schon immer einmal die Berge sehen. Aber, oh große Enttäuschung! Das ganze Land war platt wie ein Pfannkuchen. Genau wie in Münster. Wo waren bloß die viel gepriesenen Alpen, an denen München liegen sollte? Der Geographieunterricht von Papa H. war wohl doch nicht so erfolgreich, wie erhofft. Doch dann ging es weiter bis Übersee und dort konnte man wirklich Berge sehen.

Während der Fahrt wurde viel rangiert. Die Waggons einiger Schüler der Mittelschule wurden nach Bad Reichenhall geleitet, während wir zur Station Marquartstein bugsiert wurden, wo Busse bereitstanden. Wir waren rund dreißig Stunden unterwegs und inzwischen war es Nachmittag. Die meisten hatten querfeldbeet alles aus ihren Brotbeuteln gefuttert, was erreichbar gewesen war. Ich Gott sei Dank nicht und so blieb mir das Kotzen aus dem Busfenster erspart, als es in Serpentinen über den Maserer-Pass rauf nach Reit im Winkl ging.

Reit im Winkl! Zumindest waren wir in Deutschland geblieben, was ein kleiner Trost war. Wahnsinnige Gewitterschwüle empfing uns. Ein Stab von Bund Deutscher Mädel (BDM) Führerinnen und Parteileuten kommandierte uns herum.

Namen wurden aufgerufen: „Edda Engels. Edelweiß."

Ach, hätte ich damals gewusst, was dieses *Edelweiß* für mich ein Leben lang bedeuten würde. Abgestumpft nahm ich mein Gepäck und trottete an der Kirche vorbei zum Grünbühel hinauf in die Pension *Edelweiß*. Damals schon ein altes Gemäuer aus dem 19. Jahrhundert, total heruntergekommen und verwohnt von KLV-Kindern, die immer wieder ihre Ferien hier verbracht hatten. Löcher in den Wänden, keine Tapeten, abgebrochenes Treppengeländer, Feldbetten und uraltes Mobiliar empfingen mich.

Kaum angekommen, hieß es: „Alle heraustreten, Abmarsch zum Unterwirt."

Dort stopften wir Matratzenstrohsäcke. Eine Kunst, die wir damals noch nicht verstanden, aber in den nächsten Jahren aufs Peinlichste erlernten. Denn nichts ist unbequemer als ein schlecht gestopfter Strohsack. In der Scheune vom Unterwirt bekam jede einen großen Zwei-Meter-Sack aus grober Jute in die Hand, bevor es hieß: „Rein damit, mit dem Stroh."

Ein unglaublicher Staubwirbel, wenn fünfzig Mädchen Strohsäcke stopfen. Gelächter, Geschrei und Gezanke. Schließlich waren die Säcke voll – dachten wir. Aber in Wirklichkeit waren sie nach zwei Nächten so plattgelegen, dass man jeden Knochen einzeln spürte.

Das Ganze wurde angeführt von einer mir von vornherein denkbar unsympathischen Person. Eva. Sie war unsere Lagermädel-BDM-Führerin. Strenger Mozartzopf, herrisches Wesen, Kommandostimme, Führung dank geliehener Macht. Als wir endlich am Abendbrottisch saßen und jede einen Riesenteller fettigster Speckbratkartoffeln mit Spiegelei bekam – an sich natürlich eine Sensation, aber nach den Anstrengungen der Fahrt war das Überfuttern der Mädchen der Horror –, brachte sie es fertig, dass wir alles diszipliniert herunterwürgten. Ich bekam vor Heimweh keinen Bissen herunter. Aber ich hatte nicht mit Eva gerechnet. Sie ließ mich vor den kalten Bratkartoffeln sitzen, bis ich sie mir reindrückte, um endlich ins Bett zu kommen. Das hieß zunächst auf eine der zwei Toiletten, die wir zweiunddreißig Mädchen uns teilten. Dort erbrach ich Spiegeleier samt Bratkartoffeln und mein heulendes Elend wuchs. Aber ein deutsches Mädel weint nicht!

Ich kam auf Zimmer 10. Dort brauchte ich meinen Strohsack gar nicht, weil Zimmer 10 eines der hübschesten Zimmer überhaupt war. Im uralten viktorianischen Stil eingerichtet. Ehebetten, hohe Nachttischschränkchen, ein quietschendes Sofa mit rundem Tisch und ein riesiger Kleiderschrank. Meine Zimmerkameradin Inge war schon seit sechs Wochen im Lager und versuchte, mich zu trösten. Der einzige Trost war allerdings das Bett, in dessen ausgelegener Kuhle ich wie in ein Nest rutschte. Als ich hörte, dass Inge schlief, konnte ich endlich meinen Tränen freien Lauf lassen.

Ein deutsches Mädchen weint eben doch, nur darf es niemand sehen.

Am anderen Morgen, Trillerpfeife, sieben Uhr. Die Tür wurde aufgerissen. Eva herrschte uns an: „Waschen, Zähneputzen, in zehn Minuten antreten in Turnzeug!“

Waschen hieß in der KLV, sich splitternackt von oben bis unten eiskalt abzuwaschen. Danach weißes Turnhemd mit Hakenkreuz-Salmiakpastille, schwarze Turnhose und Schuhe anziehen. Erneut die Trillerpfeife. Eva stand ungeduldig vor der Haustür und wir sortierten uns in Blitzesschnelle der Größe nach. Meine Freundin Janne als erstes, ich selbst unter den letzten fünf der zweiunddreißig Mädchen. Wir waren wild zusammengewürfelt worden, also nicht im alten Klassenverband, sodass wir uns noch fremd waren.

Abzählen, melden. „Lagermädelführerin, ich melde zweiunddreißig Jungmädel des KLV-Lagers Edelweiß angetreten."

Ein knackiges „Danke".

Rechtsrum, im Laufschritt Marsch. Hinauf zum Grünbühel. Nicht weit, aber immerhin steil. Doch sportlich durchtrainiert waren wir alle.

Oben auf dem Grünbühel hieß es: „Hisst Flagge!"

Die Hakenkreuzfahne wurde hochgezogen.

Dieser Blödsinn wurde allerdings nur in den ersten vierzehn Tagen vollzogen, in denen Eva noch das Sagen hatte. Als schließlich unsere neue Klassenlehrerin eintraf, war ihre erste Tat, diese blödsinnige Eva als Lagerleiterin zu eliminieren und zivilisierte Zustände, wenn man denn überhaupt davon sprechen konnte, einzuführen.

Mein Heimweh wuchs von Tag zu Tag. Ich wurde matt und matter und sonderte mich von den anderen ab. Aufzufallen schien das niemanden. Am zehnten oder zwölften. Tag war ich so fertig, dass ich mir am liebsten das Leben nehmen wollte. In meiner Verzweiflung stieg ich den Hausberg hinter unserem Lager hoch und setzte mich am Fuße der Kriegerkapelle auf einen Erdhügel. Ich überdachte krampfhaft meine Situation und war mir darüber im Klaren, dass ich entweder zugrunde gehen würde oder mich auf die neue Lebenslage einstellen müsste. Und da siegte doch mein Lebenswille.

Als ich aufsah, schaute ich mir zum ersten Mal bewusst die Landschaft und das Tal an, in dem Reit im Winkl liegt. Naturverbunden, wie ich von Geburt her bin, war ich plötzlich ein anderer Mensch. Das Kaisergebirge, der Höhenrücken des Natterbergs, gekrönt von Eggenalm, Mahnerkogl und Schumacherkreuz, der Mühlprachkopf und die imposante Bergkette des Wilden Kaisers, die ich natürlich noch nicht vom Namen her kannte, und mittendrin das malerische, damals noch winzige Dorf mit seinem markanten Kirchturm. All das überwältigte mich plötzlich.

Und dann ein Rufen und Schreien von unten: „Edda, Edda, komm mal, deine Mutter ist hier!"

Ich war wie vom Donner gerührt. Ich weiß nicht, mit wie großen Sprüngen ich vom Berg runter zur Postautobus-Haltestelle gelaufen bin, wo meine Mutter mit meiner kleinen Schwester Dagmar und weiteren Frauen und Kindern verlassen auf der Bank saß. Meine dringlichsten Gebete waren erhört worden! Ich war überrascht, dass mich meine Mutter gefunden hatte, weil wir der Ansicht waren, dass unsere Eltern noch nicht wussten, wo wir waren. Wir hatten ja Schreibverbot.

Es stellte sich heraus, dass Mütter mit Kleinkindern Münster verlassen mussten, was meine Mutter für ein Jahr nach Reit im Winkl verschlug. Ich glaube an ein Wunder! Fortan liebte ich Reit im Winkl, das bis heute meine zweite Heimat ist.

Schutzengel der besonderen Art
1944

1944 starb mein Großvater. Ich bekam Urlaub und kehrte wie alle anderen Familienmitglieder für die Beerdigung zurück nach Münster. Danach wollte meine Mutter nach Gotha, aber ich vermisste meine zweite Heimat Reit im Winkl.

So kam es, dass ich am 1. November fünfzehn Kilometer von Marquartstein nach Reit im Winkl unter meine neuen Schuhsohlen nahm. Auch wenn ich mich über diese neuen Elbkähne freute, schlackerten sie trotz meiner dicken Socken an den Fersen und ich bekam schon bald eine dicke Blase. Um diese zu begutachten, setzte ich mich auf meinen Koffer an den Wegesrand, absichtlich unter einen Apfelbaum. Weil mein Magen wieder einmal auf Halbmast hing, nahm ich mir drei oder vier Äpfel, die auf der Erde lagen. Wildes Geschimpfe echt bayrischer Art vom Bauern trieb mich in die Flucht.

Bis Unterwössen ging die Steigung von Marquardtstein aus noch manierlich. Aber hinauf nach Oberwössen, kam ich ins Keuchen und Schwitzen. Ich verfluchte den Handkoffer, den ich in immer kürzeren Abständen abwechselnd rechts und links trug. Inzwischen war es stockdunkel, die Straße verlassen und der Wald am Dachsenberg nichts für ängstliche Seelen. Deswegen beschloss ich, im Gasthof zur Post in Oberwössen einzukehren. Von dort rief ich im Edelweiß an, wo mein Wiederkommen mit großem Hallo begrüßt wurde.

Unsere Lagerleiterin sagte: „Wir kommen dir entgegen. Mach dich weiter auf den Weg."

Nach dem Telefonat fragte ich die Wirtin scheu, ob ich für Eins-Komma-Fünf Mark wohl etwas zu essen bekommen könnte. Das war selbst für damalige Zeiten sehr wenig Geld, aber immerhin wurde mir ein Teller Bratkartoffeln vorgesetzt. Ich saß neben dem Stammtisch und erregte natürlich die Neugier der dort sitzenden Bauern, die das bayerische Kartenspiel Schafkopf spielten. Ich wurde ordentlich ausgefragt, weil man mir anscheinend ansah, wie todmüde ich war. Schließlich war ich seit über zwei Tagen ohne Schlaf unterwegs.

Als sie hörten, dass ich weiter nach Reit im Winkl wollte, warnten sie mich eindringlich, da aus den Gefangenenlagern der Umgebung Polen und Franzosen ausgebrochen waren. Da diese acht Kilometer von Oberwössen nach Reit im Winkl durch reines Waldgebiet streiften, klopfte mir mein Herz bis zum Hals, als ich in die dunkle

Nacht hinaustrat. Jedes Knacken, jedes Geräusch brachte mich in Sorge, dass einer der entflohenen Kriegsgefangenen, die ich mir unwillkürlich als reißende Bestien vorstellte, aus dem Unterholz preschen würde.

Doch horch, was war das?

Unterhalb der Maserer hörte ich plötzlich Singen und fröhliches Lachen. Als ich gerade die Spitze an der Maserer Alm erreicht hatte, traf ich mit sechs Edelweißern zusammen. Allen voran unsere Lagerleiterin Elisabeth mit einem Bollerwagen für meinen Koffer. War das ein Hallo, eine Begrüßung, ein Sich-Umarmen, Auf-die-Schulterklopfen und Freudentränen weinen!

Weil man merkte, wie erschöpft ich war, machte Janne den Vorschlag, dass wir beide uns zusammen mit dem Koffer in den Bollerwagen setzen und die Passstraße, die mit vielen Kurven ausgestattet war, langsam herunterrollen sollten.

Vorne saß ich mich mit der Deichsel zwischen den Beinen, Koffer und Rucksack senkrecht im Rücken und dahinter die damals recht gewichtige Janne, um zu bremsen.

Dass wir diese Fahrt überlebt haben, ist nur auf einen Schutzengel besonderer Güte zurückzuführen. Von langsam konnte nicht die Rede sein. Wir nahmen eine solche Fahrt auf, dass auch die stabilen Beine und Schuhsohlen von Janne keine nennenswerte Bremswirkung mehr zustande brachten. Mir verging vorn das Lachen, da die Deichsel bei dem Tempo kaum zu bändigen war. Hinzu kam, dass es stockdunkel war und ich die Kurven nur erahnen konnte.

Doch der besondere Schutzengel fuhr anscheinend mit und kurz vor Entfelden kam unser rasendes Gefährt von selbst zum Stehen. Janne und ich waren wie betäubt und blieben noch ein paar Sekunden sitzen. Doch dann empfanden wir das Ganze schon als tollen Scherz und kleine Heldentat.

Wir mussten lange warten, bis die anderen uns wieder erreichten. Natürlich hatten sie gar nicht mitbekommen, in welcher Gefahr wir geschwebt hatten. Alle Edelweißer waren aufgekratzt, denn so ein Nachtspaziergang war ja eine besondere Sache. Der Sternenhimmel über Reit im Winkl ist für mich auch heute immer noch der Inbegriff des ewigen Kosmos.

Weihnachtszeit und Raub 1944

Die Weihnachtszeit 1944 war trotz allem so heimelig und schön wie im Vorjahr. Großes Hallo gab es natürlich, als die Weihnachtspakete eintrafen. Die mussten wir bei der Post selbst abholen und so wusste jeder, dass sein Paket oder Päckchen schon vorlag. Nur für mich gab es nichts. Ich war ziemlich ratlos, weil es selbstverständlich war, dass meine Mutter ein Paket abgeschickt hatte. Inzwischen wohnte sie mit meinen Schwestern Susi und Dagmar bei meiner Tante in Gotha.

Doch am Heiligabend nahm mich meine Klassenlehrerin zur Seite und sagte mir: „Edda, für dich ist wirklich nichts angekommen. Auch kein Brief."

Da war nichts zu machen. Ich ertrug es tapfer und geriet nur bei der Bescherung aus der Fassung, weil jedes Mädel mir aus seinem Paket etwas abgab. Da hatte ich dann plötzlich einunddreißig Geschenke vor mir liegen, was mehr war als ich verkraften konnte.

Ich schlich mich hinaus und flüchtete wieder einmal zu den Sternen. Zum Pflücken nahe und in der kalten Frostnacht glitzernd, standen sie über mir.

„Ein deutsches Mädchen weint nicht, ein deutsches Mädchen weint nicht“, sagte ich mir immer wieder beschwörend vor und doch kullerten mir die dicken Tränen über die Wangen. Aber – Zähne zusammengebissen – ging es wieder rein.

Drinnen war richtiger Weihnachtstrubel, warm und gemütlich. Die Plätzchen schmeckten, es wurde wunderschön gesungen, gab ein herrliches Abendbrot und mein Kummer war vergessen. Nur mein Abendgebet fiel noch etwas dringlicher aus, weil ich eine Heidenangst hatte, dass ihnen inzwischen doch etwas passiert war. „Lieber Gott, beschütze meine Eltern und Geschwister …“

Am Silvestertage kam die freudige Botschaft: „Edda, dein Paket ist angekommen!“

Ich auf meine Skier, machte ich mich auf den Weg zur Post. Skier an die Wand gestellt, ging ich zum Paketschalter.

Doch die Hörterer Traudel kam und sagte: „Ich muss es dir zeigen, denn das Paket ist beschädigt“.

Es war ein Riesenpaket, das offensichtlich neu verschnürt war. Wir öffneten es und fanden Papier, Papier, nichts als Papier und eine Rolle weißen Twist. Unangenehmer Weise noch die Aufstellung, was alles in dem Paket an Herrlichkeiten eingepackt worden war. Eine neue Skihose, eine Wolltrachtenjacke, ein dicker Schal, eine Windbluse, ein Kaffeewärmer für Elisabeth, handgestrickte Fausthandschuhe, drei Paar handgestrickte Socken und so weiter. Außerdem natürlich Süßigkeiten, Schokolade und alles, was die Lieben hatten auftreiben können. Der Hörterer Traudel kullerten die Tränen über die Wangen und ich stand da wie versteinert.

Das Paket war ausgeraubt worden! Ein Delikt, auf das im Krieg die Todesstrafe stand.

So schnell ich mit meinen Skiern ins Dorf heruntergekommen war, so langsam ging es zum Edelweiß wieder herauf; das Päckchen Twist und die Aufstellung in der Tasche. Natürlich waren vorher noch Formulare ausgefüllt worden, die ich mechanisch unterschrieb. Aber was sollte das Ganze? Futsch war futsch!

Heimkehr nach Münster 1945

Die Ära Reit im Winkl näherte sich dem Ende zu. Ein deutscher Oberstleutnant und der Pastor U. hatten es bewerkstelligt, dass uns die Amerikaner deutsche Militärbusse und deutsche Fahrer bewilligten, die die verbleidenden KLV-Mädel aus Sexta und Quinta nach Münster bringen sollten.

Mit zwei Bussen fuhren wir los. Elisabeth, ihre Mutter und ich mussten offiziell als Begleitpersonen für die jüngeren Mädchen sorgen.

Am ersten Tag ging es bis nach Nürnberg, wo ich das zweifelhafte Vergnügen hatte, das Reichparteitagsgelände besichtigen zu können. Dort hatten die Amerikaner ein riesiges Benzindepot errichtet, wo unsere Busse tankten. Zwischen Nürnberg und Würzburg hielten wir in einem kleinen Dorf, wo wir in Scheunen nächtigten.

Am zweiten Tag fuhren wir nachmittags in dem restlos zerstörten Münster ein. An der Geistkirche, die noch stand, obgleich der Bunker an der Hammer Straße einen Volltreffer erhalten hatte, stiegen wir aus. Eigentümlicher Weise habe ich von diesen Momenten eine Gedächtnislücke. Ich weiß nicht mehr, wie ich mich von unserer Lagerleiterin und einer Freundin verabschiedet habe. Dann sehe ich mich nur noch mit Rucksack und zwei Koffern über die endlos lange Hammer Straße laufen, die nur aus Trümmern rechts und links bestand.

Ich kannte mich gar nicht mehr aus und fragte bloß nach dem Prinzipalmarkt. Immer geradeaus, wurde mir bescheinigt. Gott, wie sah Münster aus! Nichts stand mehr. Nur noch einige Giebelfronten, aber nichts mehr dahinter. Das Wenige, was am Prinzipalmarkt noch stand, war zum Beispiel das Haus von Schucan und den Westfälischen Nachrichten. Doch auch diese waren so zerstört, dass keine Fenster und Türen mehr darin waren. Wie im Traum ging ich über den Domplatz, sah den verwüsteten Dom und kletterte über das Trümmerpättken am Spiegelturm runter zur Überwasserkirche.

Schließlich stand ich vor dem Haus in der Studtstraße 1. Ich konnte nicht begreifen, dass ausgerechnet dieses Haus erhalten geblieben ist. Allerdings in welch einem Zustand!

Da stand ich nun mit meinen knapp sechszehn Jahren vor dem durch Bombenschäden stark ramponierten Haus, in dem meine Eltern seit 1937 die Beletage angemietet hatten. Durch die Evakuierung meiner Mutter und meiner beiden Schwestern, meine Schulevakuierung mit der KLV und der Abwesenheit meines Vaters, der natürlich an der Front war, stand die Wohnung quasi leer. Nur unser Hausmädchen Mia lebte noch dort.

Ich stieß die Haustür auf, deren Schloss aufgebrochen war, und sah sofort die großen Ecken, die aus der Marmortreppe am Eingang herausgebrochen waren. Den roten Läufer vermisste ich. Im Treppenhaus herrschte völlige Dunkelheit. Früher wurde es durch ein Oberlicht erhellt. Aber das Glas hatte dem Luftdruck der Bomben und den Splittern nicht standgehalten. Also wurde alles verbrettert. An den Stellen, wo man die Fenster mit dem undurchsichtigen Rollglas zugenagelt hatte, war es zumindest einigermaßen hell.

Ich tastete mich zur ersten Etage und – oh Wunder – stellte fest, dass die mit Eisblumenglas versehene Etagentür heil geblieben war. Auch die Klingel funktionierte. Die Tür wurde aufgemacht und im Dämmerlicht erkannte ich eine riesige Frau, deren Stimme und gesamtes Auftreten mir sofort unsympathisch war.

Ich sagte artig „Guten Tag.“, machte einen Knicks, wie man es früher gelernt hatte und stellte mich als Edda Engels vor. Dann fragte ich, ob meine Eltern zu Hause wären.

„Ihre Eltern? Die sind nicht hier. Denen gehört die Wohnung nicht mehr, die gehört jetzt uns.“

„Aber unsere Möbel stehen doch noch hier."

„Das hat nichts zu sagen, die gehören jetzt auch uns. Ihr Vater ist ein Kriegsverbrecher, also steht Ihrer Familie nichts mehr zu." Mit diesen Worten schlug sie mir die Tür vor der Nase zu.

Ich war wie vom Donner getroffen. Das Wort „Kriegsverbrecher" hörte ich zum ersten Mal. Mein lieber geschätzter Vater ein Kriegsverbrecher? Gut, er war aktiver Offizier. Aber war das ein Verbrechen?

Schnell lief ich durch den Keller in den Garten, um bei unserem Hauswirt, der in einem kleinen, alten Häuschen im Hofbereich wohnte, Näheres zu erfahren. Früher war ich mit ihm sehr vertraut, weil ich mit seiner Tochter Minchen gespielt hatte.

Doch ich wurde seltsam gehemmt begrüßt und mir wurde gesagt, dass die Familie S. vom Wohnungsamt in die leerstehende Wohnung eingewiesen worden war, unsere Mia jedoch noch immer die Miete zahlte. Schon seit drei Monaten hatte sie von ihrem Ersparten uns zumindest rechtlich den Anspruch auf die Wohnung erhalten.

Bei Familie G. erfuhr ich auch, dass Mia in der Nachbarschaft bei Frau Dr. B. arbeitete und ich dorthin gehen sollte. Gesagt, getan. Ich raste dorthin.

Wenigstens Mia freute sich riesig mich wiederzusehen, nahm mich in den Arm und erzählte mir von den letzten Monaten. Die Familie S. gab sich als antifaschistisch aus, obgleich der Herr S. beim damaligen Reichsnährstand in Vechta/Oldenburg tätig war. Eine Tätigkeit, die er noch immer ausübte und die reichlich Lebensmittel und somit Tauschgut mit sich brachte, wie wir später erfuhren.

Damit ich ein Dach über den Kopf bekam, erklärte sich Frau Dr. B., die fünfzehn Jahre später die Ärztin unserer Kinder werden sollte, erfreulicherweise bereit, dass ich vorläufig im Haus wohnen und bei Mia mit im Bett schlafen durfte. Ich gab meine Lebensmittelkarte ab und durfte somit am Tisch im Küchensouterrain mitessen.

Zwei Tage später klingelte es an der Haustür und Mia rief aufgeregt „Edda, Edda komm mal her! Dein Vater ist da!“

Ich konnte es nicht glauben, flitzte zur Tür und sah einen Mann, den ich zunächst nicht als meinen Vater identifizieren konnte. Abgemagert bis zum Skelett, rußgeschwärzt und mit roten, übernächtigten, traurigen Augen stand er vor mir. Seine Uniform abgetakelt, keine Schulterstücke, keine Orden. Er schloss mich in seine Arme und erzählte mir, dass er aus der Gefangenschaft entlassen worden und mit einem offenen Kohlenzug seit drei Tagen unterwegs war. Daher die vom Zugwind geröteten Augen. Natürlich war auch er sofort in unsere Wohnung gegangen. Nur weil er geistesgegenwärtig den Fuß zwischen die Tür gestellt hatte, war es ihm gelungen, die Wohnung zu betreten. Die Madam S. beschimpfte ihn mit einer Wortkanonade in böser Weise und drohte, ihn sofort beim Secret Service zu melden. Das hat sie bestimmt auch getan, doch der Secret Service reagierte nicht.

Mein Vater erfuhr, dass uns auf jeden Fall noch eines unserer sechs Zimmer zustände. Mit diesem Wissen ging er noch einmal in die Wohnung. Er schleppte zwei Matratzen in unser ehemaliges Herrenzimmer, das nur durch eine Glasschiebetür mit dem Esszimmer verbunden war. Da im Esszimmer S. Territorium war und Madam S. stets in Lauscherposition verharrte, konnten wir uns nicht ungezwungen unterhalten. In diesem Zimmer hausten wir fortan und waren in den nächsten Tagen mit Behördenrennerei beschäftigt.

Meldung beim Einwohnermeldeamt um Zuzugsgenehmigung, Anstehen für neue Lebensmittelkarten, stundenlanges Warten beim Wohnungsamt, um zu erfahren, was Sache war, und so weiter. Auch beim Arbeitsamt mussten wir uns melden. Nach einem halben Tag Schlange stehen, eröffnete man uns, dass mein Vater als ehemaliger Offizier nur im Tiefbau Arbeit finden könnte und ich als Offizierstochter als Hausgehilfin zwangsverpflichtet werden würde. Glorreiche Zukunftsaussichten!

Mein Vater wurde sichtlich verbitterter. Die Auskunftsperson wollte mir eine Brücke bauen und meinte, ich hätte vielleicht eine Behinderung oder Krankheit, um eventuell freigestellt werden zu können. Ich schaltete sofort und führte mein latentes Rheuma an, das von meinem schweren Scharlach zurückgeblieben war (und ist). Aber mein ehrpusseliger Vater witterte eine Ausrede und erklärte, das wäre kein wirklicher Grund. Ich wäre kerngesund.

Das war‘s. Wiedermeldepflicht in drei Wochen und solange Schonfrist. Während mein Vater mit diesen Gängen vollauf zu tun hatte, war ich emsig bemüht, etwas zum Essen aufzutreiben. Also tauschte ich mein Kinderfahrrad in Unkenntnis, dass ich es später dringend gebraucht hätte und ohne zu wissen, was der Schwarzmarktwert gewesen wäre, gegen zehn Eier und einen Sack mit fünfundzwanzig Pfund Kartoffeln. Die erste Mahlzeit, die ich auf meinem elektrischen Puppenofen zustande brachte, waren Bratkartoffeln mit Spiegelei, ohne Fett. Hungerrezepte beherrsche ich heute noch.

So schön wie der Sommer 1945 im Mai begonnen hatte, so schön war er auch noch im August. Das wundervolle Wetter stand völlig im Gegensatz zu unserer deprimierten Gemütslage. Ich möchte nicht wissen, wie sich ein trostlos verregneter Sommer auf unsere Stimmung gelegt hätte.

Vor Verzweiflungstaten schützte uns allerdings eines: Die Sorge um die nackte Existenz. Die Bitte um tägliches Brot aus dem Vaterunser ist wohl nie innbrünstiger gebetet worden als damals und in den folgenden Hungerjahren.

Alltag in der Nachkriegszeit 1945–1948

Das Ende des Krieges spaltete die Menschen. Die einen fühlten sich befreit, die anderen fühlten sich besiegt. Familien zerbrachen.

Am 3. November 1945 begann für uns der normale Alltag. Aber was hieß damals schon normal? Normal war Schlange stehen, normal war hungern, normal war die Suche nach Brennbarem, normal war mehr oder weniger klauen – genannt „organisieren“.

Aus heutiger Sicht machten wir uns ständig strafbar. Unter anderem demontierten wir über einige Wochen eine abbruchreife Holzbrücke, sozusagen eine japanische Bogenbrücke mit Geländern aus Ästen, die ineinander verflochten waren. Das trockene Holz war uralt und ging in einen ebensolchen Holzzaun über. Mein Vater lief auf seinen Spaziergängen grundsätzlich dort vorbei und wackelte etwas an den ohnehin vergammelten Pfosten und Ästen. Wenn Susi und ich in der Dunkelheit loszogen, brauchten wir deswegen nicht viel Kraft, um ein bis zwei Pfosten und Äste loszubrechen, unter den Arm zu klemmen und schnurstracks nach Hause zu bringen. Das gab für kurze Zeit ein herrliches Feuer.

Meine Eltern hatten inzwischen einen wunderschönen, sehr alten, aber zum Kochen natürlich völlig ungeeigneten schmiedeeisernen Ofen aufgegriffen. Vorne war eine Tür, wo man unter normalen Umständen eine Kaffeekanne hinter stellen konnte, um diese warm zu halten. Doch zu dieser Zeit diente uns der Ofen vor allem zum Kochen. Wir hatten ein altes, konisch zulaufendes Töpfchen, das gerade so in das Loch des Ofens passte. Darin konnten wir uns Kaffeewasser oder eine Milchsuppe kochen. Alles andere wurde nach wie vor auf dem Kanonenofen der Familie S. in der Parterrewohnung gekocht.

Ein oder zwei Jahre später passierte Folgendes: Wir hatten Zuckersäcke aufgeribbelt, um das Garn zu verstricken. Dieses Garn war keine Wolle, sondern Hanf in Naturfarbe. Natürlich hatten wir hohe Ansprüche an solche Pullover und beschlossen, einen Teil des Garns dunkelblau zu färben, damit wir Norwegermuster stricken konnten. Eben in diesem beschriebenen kleinen Töpfchen, was an sich schon ein Unterfangen war. Hinzu kam, dass die „Wolle“ lange in dem Topf bleiben musste, um die Farbe anzunehmen. Ergo wurde sehr viel Holz verbrannt und wie durch ein Wunder hatten wir etwas Koks erwischt, den wir mit auflegten. Das ergab aber ein solches Höllenfeuer, dass der Ofen vorne einen Riss bekam.

Schwarz über die Grüne Grenze 1945

Es war September 1945 und wir dachten verzweifelt daran, wie wir den Winter überstehen sollten. Praktisch hatte ich nichts anzuziehen, keinen Wintermantel, keine Unterwäsche, nichts. Dabei hatte meine Mutter vorgesorgt und Kleidung in Gotha ausgelagert. Angst und Sorge vor dem Winter trieben uns zu dem Entschluss, dass meine Schwester Susi und ich uns noch einmal nach Gotha durchschlagen mussten, um vor allem Wintermäntel und warmes Unterzeug, zu holen.

Wenn wir gewusst hätten, welche Odyssee uns bevorstand, wären wir nicht so frohgemut und abenteuerlustig aufgebrochen. In der zweiten Septemberwoche machten wir uns auf den Weg und fuhren zunächst zu Susis Mann und Schwiegereltern in der Nähe von Hagen, da von dort aus Kohlenzüge nach Kassel zu erwischen waren.

Am Abend vor unserer dortigen Abreise saßen wir in der gemütlichen Küche in Hagen. Auch sie wohnten beengt, da sie in Essen ausgebombt wurden und nun bei einer Schwägerin Unterschlupf gefunden hatten. Da Susis Mann und Schwiegervater erfolgreich im Schwarzhandel tätig waren, konnten wir uns herrlich sattessen.

Doch dann passierte es. Beim Essen schrie Susis Mann plötzlich auf, fiel krachend vom Stuhl, schlug wild um sich und krampfte. Schaum trat vor seine Lippen. Sein Gesicht verzerrte sich zu einer Teufelsfratze. Susi und ich waren absolut geschockt, während die Eltern ihm sofort halfen. Nachdem er wieder zu sich gekommen war, gaben sie ihm Tabletten und brachten ihn zu Bett.

Obgleich wir wussten, dass aufgrund seiner Kopfverletzung diese Anfälle des Öfteren auftraten, waren wir noch immer verstört, als wir am nächsten Tag zum Güterbahnhof liefen. Wir stiegen nachmittags auf einen Kohlenzug, der hoch mit feuchtem Kohlengrus beladen war. Es waren offene Waggons, auf die man nur sehr schwer raufklettern konnte. Oben angekommen, saßen wir auf dem Kohlengrusberg und ließen uns den Wind um die Ohren pfeifen. Wir warteten eine bis anderthalb Stunden und froren schon jämmerlich, bevor der Zug überhaupt abfuhr.

Inzwischen waren alle Waggons mit Menschen besetzt, die sich daranmachten, sich in den Kohlengrus einzubuddeln. Wir selbst dachten noch, es wäre nicht nötig, aber schon nachdem der Zug einige Kilometer hinter sich hatte, fingen auch wir schleunigst an zu graben. Ich hatte nur einen Rock und einen Pullover an, darüber meine dünne Trachtenkostümjacke, erfreulicherweise alles in schwarz. Als Windschutz diente mein Pepita-Regencape, das ich bereits mit zehn Jahren bekommen hatte. Damals reichte es mir bis an die Knöchel, inzwischen nur noch knapp bis an die Knie. Ohne dieses Cape wäre ich nachts bestimmt erfroren. Der Zug fuhr durchs Sauerland und ich vergesse nie, wie wir richtig Fahrt aufnahmen, als es bei Brilon bergab ging, und der eiskalte Wind um uns herum heulte. Es war eine bitterkalte Nacht, und wir zitterten am ganzen Körper vor Kälte, als wir morgens zwischen sechs und sieben Uhr in Kassel ankamen.

Nicht etwa am Hauptbahnhof, sondern auf irgendeinem Rangierbahnhof. Das Bahnpersonal trieb uns von unserem Kohlenwagen herunter. Doch unsere Gliedmaßen waren steif gefroren und die Waggons wahnsinnig hoch. Waren wir schon nur mit Mühe und Not hochgekommen, war es fast unmöglich, wieder den Erdboden zu erreichen. Die jungen und noch sportlichen Menschen schafften es mit letzter Kraft, aber die alten Leute wussten nicht, wie sie wieder herunterkommen sollten. Einer half dem anderen, doch es gab keine Leitern oder Hilfsgeräte.

Susi und ich hatten je einen Rucksack bei uns, wo wir nur etwas Verpflegung eingepackt hatten.

Vor allem eine kleine Flasche Wodka als Bestechungsmittel für die russischen Soldaten.

Wieder einmal übten wir uns im Schwellenhüpfen bis wir den Hauptbahnhof von Kassel erreicht hatten. Susi hatte den Weg schon einmal in anderer Richtung zurückgelegt und wusste Bescheid. Wir mussten weiter nach Eschwege und da kein Zug fuhr, machten wir uns zu Fuß auf den langen Weg. Plötzlich hielt neben uns ein englischer Armeelaster. Wir wurden gefragt, wo wir hinwollten. Natürlich hatten wir Angst, weil Eschwege auf amerikanischer und Kassel auf englischer Seite lag. Wir stotterten trotzdem, dass wir nach Eschwege wollten und wurden aufgefordert, aufzusteigen. Trotz unserer Furcht kletterten wir auf die Ladefläche und waren in null Komma nichts in Eschwege, wo uns die Soldaten tatsächlich – ohne etwas von uns zu verlangen – absetzten.

Susi steuerte schnurstracks auf die Zigarettenfabrik zu, in der sie mit meiner Mutter und Dagmar schon eine Nacht verbracht hatte. Die leerstehende Fabrik war als Flüchtlingsdurchgangslager eingerichtet worden. Die Einrichtung bestand allerdings nur aus Strohschütten, auf die wir uns legen konnten. Erschöpft baten wir unsere Nachbarsleute, uns bei Einbruch der Dunkelheit zu wecken, und schliefen sofort ein. Man muss nur strapaziert genug sein, um auf dem härtesten Fußboden der Welt wie in Abrahams Schoß zu schlafen.

Abends brachen wir auf und Susi fand nachtwandlerisch den Weg zur Grenze. Ich hatte keine Ahnung, was uns bevorstand und trottete hinter ihr her – über einen Feldweg, der ins Nirgendwo zu führen schien.

Auf einmal sahen wir vor uns ein Lagerfeuer, aber bevor wir kehrtmachen konnten, hatte uns die amerikanische Patrouille bereits erblickt und führte uns in eine Runde von Amerikanern, die Grenzdienst machten. Heute hört sich das selbstverständlich an. Damals aber waren alle Besatzungssoldaten enorm gefürchtet, da Übergriffe – sprich Vergewaltigungen und natürlich Raub von Uhren und anderem Brauchbaren – auf der Tagesordnung standen.

Susi und ich sahen unser letztes Stündlein kommen, gaben uns Mühe mit unseren Englischkenntnissen und radebrechten, dass wir über die Grenze zu unseren Eltern wollten. Nach dem Posten der Amerikaner, folgten ein offenes Feld und ein bis anderthalb Kilometer Niemandsland, in dem man jederzeit abgeknallt werden konnte. Aber an so etwas dachte man natürlich nicht.

Also saßen wir bei den Soldaten, radebrechten

und hatten vor allem vor den Schwarzen Angst. Wir mussten auf einen Offizier warten, der erst nach einer Stunde kam. Er hörte sich unser Stammeln an und murmelte: „Go on ...“ Dann machte er eine Handbewegung in Richtung Osten und drehte sich so, dass er nicht sehen konnte, wie wir uns schleunigst aus dem Staub machten.

Wir stolperten endlos lange mit vor Anstrengung rasenden Herzen durch ein Rübenfeld, robbten durch Kartoffelkraut und machten immer wieder Pause, um in die stockfinstere Nacht zu horchen.

Als uns der russische Posten: „Ruki vverkh“ entgegenbrüllte, erstarrten wir.

Die Russen hatten sich einen kleinen Heustadl auf dem Feld als Wachposten ausgesucht und nahmen uns dort in Empfang. Wieder erzählten wir, dass wir zu unseren Eltern wollten und machten weinerliche Gesichter. Aber sie wollten uns partout zurückschicken. Bis Susi ihren Rucksack öffnete und die kleine Flasche Wodka heraussuchte. Da erhellten sich die Gesichter und sie ließen uns laufen.

Dieses Mal ging es über einen richtigen Feldweg Richtung Bahnhof Treffurt. Wir rannten immer noch, da wir Angst hatten, dass sie hinter uns herkommen würden.

Als wir am Bahnhof ankamen, wurde es bereits hell. So konnten wir mit dem ersten Zug nach Gotha fahren, wo uns Tante Selma überrascht und hocherfreut in die Arme schloss. Natürlich hatte sie keine Ahnung, dass wir unterwegs waren. Im Oskar-Blödner-Pflegeheim, an das wir aus Friedenszeiten so wunderschöne Ferienerinnerungen hatten, fühlten wir uns direkt zu Hause und erholten uns rasch von den Strapazen der beiden letzten Tage.

Anschließend waren wir damit beschäftigt, die Kleidung, die wir nach Münster mitnehmen sollten, zu sortieren. Hauptsächlich Unterwäsche, die meine Mutter aus dem Altkleiderlager der verstorbenen Heiminsassen genäht hatte. Aus den Beinen langer Unterhosen waren wunderbar warme Hemdchen entstanden. Die Beine wurden einfach oben und unten ein Stück abgeschnitten, umsäumt und mit zwei Trägern versehen. Schon war ein Hemd fertig. Schönheitsliebend, wie Engels Frauen sind, hatte Tante Selma an den Ausschnittrand noch ein hübsches Baumwollspitzchen gehäkelt. Luxus! Die Hemden haben wir an die sieben Jahre getragen. Ferner wurde Unterwäsche, Handtücher, Bettwäsche, Pullover zum Aufribbeln und Neustricken, vor allem aber auch lange Männerhosen, die wir umarbeiten wollten, eingepackt. Zwei Hosen zogen wir an Ort und Stelle an und Tante Selma gab uns noch zwei von ihren DRK-Mänteln.

Während unseres Aufenthaltes fragte mich Tante Selma, ob ich überhaupt schon konfirmiert sei. Wo hätte ich das bitte bewerkstelligen sollen? In Reit im Winkl war ich nur in die katholische Kirche gegangen und in Münster war ich so gut wie fremd. Tatkräftig, wie meine Tante war, arrangierte sie für den 10. Oktober, einen Tag nach meinem siebzehnten Geburtstag, eine Konfirmationsfeier.

Ich hatte Angst, dass mich der Pastor prüfen würde. Denn durch eine solche Prüfung wäre ich herrlich durchgerasselt. Aber offensichtlich war der Mann nicht weltfremd und somit wurde ich feierlich in den Schoß der evangelischen Kirche als Vollmitglied aufgenommen. Es war eine sehr schöne Feier, an der nur Tante Selma, Susi und Meta, die Köchin des Hauses, teilnahmen.

Natürlich musste ich ein Konfirmationskleid tragen, und als solches diente eines der Trauerkleider von Susi, aufgewertet mit weißem Spitzenkragen. Zu dem tiefschwarzen Kleid hatte ich braune Seidenstrümpfe an, dick plattierte natürlich, und da mir die Schuhe nach wie vor viel zu groß waren, musste ich noch weiße Wollsöckchen überziehen. So gewandet war ich nicht gerade glücklich.

Von Tante Selma bekam ich ein großzügiges Geschenk. Sie nahm ihre eigene Armbanduhr vom Handgelenk, und gab sie mir. Eine Junghans-Uhr, die ich bis in die fünfziger Jahre getragen habe. Ganz besonders habe ich mich darüber gefreut, dass einer der Heiminsassen mir zur Konfirmation fünfundzwanzig kleine Bände aller Klassiker vermachte. Diese habe ich mir später aus der damaligen DDR schicken lassen. Sie stehen hier im Schrank und sind inzwischen eine bibliophile Seltenheit, in dunkelblau mit Gold gebunden und dem Erscheinungsdatum von 1860.

Doch zurück zu unseren Vorbereitungen auf die Heimfahrt. Wir nähten für jeden von uns einen Seesack aus kräftigem Segeltuch, der vom Gesäß bis zum Hals ging. Bepackt hatte er ein sagenhaftes Gewicht von geschätzten sechzig bis achtzig Pfund. Leider hatten wir keine richtigen Trageriemen, sondern nur schmales Rolladengurtband. Später stellte sich heraus, dass diese Bänder uns fast die Arme von den Schultern rissen. Dazu hatten wir jeder eine große Tasche aus Gurten, selbst geflochten und mit Bambusstangen oben durchgeschoben. In diese ohnehin schweren Taschen packten wir vor allem den Proviant. Davon hatten wir viel, weil wir Marmelade und anderes mit nach Hause nehmen wollten.

Am 12. Oktober traten wir die Heimfahrt an. Wie gewohnt auf dem Trittbrett eines Personenzuges, der von Gotha nach Treffurt fuhr. Wir wollten wieder an der Stelle über die Grenze, wo wir das Gelände schon kannten. Mit den schweren Rucksäcken war das Trittbrettfahren eine einzige Tortur, weil wir von dem Gewicht nach hinten gezogen wurden, in der einen Hand die schwere Tasche hatten und nur die andere zum Festhalten an den Einstiegsstangen dienen konnte. Total verkrampft waren wir über jede Haltestelle froh, wo wir unsere Arme ausschütteln konnten.

In Treffurt warteten wir am Bahnhof, bis die Dunkelheit eingebrochen war. Dann machten wir uns auf den Weg zu dem kleinen Wachhaus der Russen, das uns schon vom Hinweg bekannt war. Auch dieses Mal hatte uns Tante Selma wieder eine kleine Flasche Wodka besorgt. Das Palaver mit den Russen begann erneut. Zunächst ließen sie uns ein bis zwei Stunden auf der Erde sitzen. Inzwischen war es feucht und kalt geworden, schließlich hatten wir schon Mitte Oktober. Es kamen zwei weitere Russen, woraufhin allerhand Lebhaftes vor sich ging, was wir aber nicht verstehen konnten.

Letztendlich deutete sie uns an, mitzukommen. Sie würden uns einen Weg über die Grenze zeigen. Aber die Knaben liefen zur falschen Seite, natürlich nicht ahnend, dass wir den Weg von früher kannten. Nach ungefähr hundert Metern realisierten wir, dass sie uns irgendwo hinlockten.

Susi sagte: „Nichts wie kehrtmachen."

Also drehten wir um und liefen zurück, während die beiden Russen zunächst noch eine Weile weiterliefen, weil sie unsere Flucht nicht registrierten. Sobald sie es jedoch bemerkten, holten sie uns ein, schimpften mörderisch, fluchten, nahmen ihre Gewehre ab und stießen uns damit unter den Rucksäcken ins Kreuz. Dann jagten sie uns den Weg zurück. Doch wir durften nicht über den Weg laufen, sondern mussten durch das Runkelrübenfeld. Ich weiß nicht, wie wir die zwei oder drei Kilometer bis an den Stadtrand von Treffurt geschafft haben, stets mit den Rufen „Dawei, dawei!" und der Angst im Nacken, dass sie über uns herfielen.

Schon zuvor am Bahnhof hatten wir erfahren, dass die Russen alle Frauen, die sie aufgreifen konnten, in eine Fabrik in der Nähe des Bahnhofs trieben. Von dort aus wurden die Armen Richtung Osten geschickt. Dies war unsere größte Sorge.

Susi keuchte immer wieder: „Wir müssen in den Bahnhof, wir müssen in den Bahnhof!"

Als wenn der liebe Gott uns gehört hätte, fiel von der Maschinenpistole des einen Russen die Trommel ab und rollte in einen Graben. Er fluchte lauthals und rief den anderen Soldaten zur Hilfe. Diese Situation machten wir uns zunutze und rannten, wie vom Teufel gejagt, auf den Bahnhof zu.

Ich schleuderte mich als Erste durch die Pendeltür, während Susi von einem Russen überholt wurde, der ihr den Weg versperrte. Aber in ihrer Todesangst, drehte sie sich um und verwendete ihren Rucksack als Rammbock, um den Soldaten umzustoßen. In der Zwischenzeit hatte sich die Tür geöffnet, einige ehemalige deutsche Landser kamen heraus und rissen uns in den Wartesaal. Sie warfen uns in eine Ecke und packten jede Menge Koffer und Gepäckstücke auf uns.

Ich war durchnässt, hatte gar nicht gemerkt; dass es inzwischen stark regnete. Von innen war ich vor Angst und Schweiß wie aufgeweicht. Von diesem Augenblick, als ich dort in der Ecke lag, habe ich keine Erinnerung mehr. Ich muss dort wie tot gelegen haben. Denn ich habe nicht mitbekommen, wie die Russen, die Soldaten herausgeholt und ihnen die Uhren abgenommen hatten. Nur wegen der Tatsache, dass zu viele Flüchtlinge in der Bahnhofshalle waren, traten die beiden Iwans den Rückzug an.

In der Morgendämmerung wurden wir geweckt. Einer der Männer fragte uns, ob wir sie begleiten wollten, wenn sie es noch einmal über die Grenze versuchen. Wir schlossen uns dem Trupp an und gingen in den Regen hinaus. Aber nach ungefähr fünfhundert Metern waren Susi und ich so erschöpft, dass wir umdrehten und beschlossen, zunächst nach Gotha zurückzufahren.

Verzweifelt setzten wir uns wie die nassen Hühner auf eine Bank auf dem Bahnsteig. Außer uns war er völlig leer – ein absolut einmaliger Anblick. Plötzlich erschien ein hochgewachsener, gutaussehender russischer Soldat, den wir als Offizier ausmachten. Er setzte sich neben uns auf die Bank.

Susi sagte: „Rück etwas zu mir herüber, es könnte was überspringen."

Daraufhin sagte dieser in perfektem Deutsch: „Keine Angst, meine Damen, von mir springt nichts über."

Wir haben uns selten so geschämt. Der junge Offizier sprach mit uns, wobei wir natürlich tunlichst vermieden, zu erwähnen, dass wir von Ost nach West über die Grenze wollten. So musste er den Eindruck bekommen, dass wir von West nach Ost gekommen wären.

Der Zug, der uns nach Gotha zurückbrachte,

war fast leer. Wir hatten richtige Sitzplätze und konnten uns breitmachen, denn von Treffurt aus nach Gotha fuhr keine Menschenseele. Nur in entgegengesetzte Richtung strömten damals die Menschen. Alle raus aus dem Osten, rein in den Westen. Das sollte im Grunde bis 1989 so bleiben. Und auch heute wandern die jungen Leute ja noch aus den „neuen Ländern Ost“ in die „alten Länder West“.

Obgleich wir uns im Zuge nach Gotha durch Dösen und leichte Nickerchen etwas erholt hatten, gab uns der lange Weg vom Bahnhof zum Oskar-Blödner-Pflegeheim mit dem schweren Gepäck den letzten Rest. Total erschöpft fielen wir in unsere Betten, nachdem zunächst großes Erstaunen im Heim war, dass wir zurückgekommen waren.

Susi und ich schliefen vierundzwanzig Stunden an einem Stück und waren anschließend wie neu geboren. Als wir aus diesem Koma erwachten, hörten wir allerdings sofort eine schlechte Nachricht. Die Grenzen waren komplett zu. Es gab keine Fahrkarten mehr in die Grenzorte, es sei denn, man habe eine glaubhafte Aufforderung. Was nun? Fieberhaft überlegten wir, wie wir eine solche Bescheinigung bekommen könnten.

Der Köchin fiel ein, dass sie in Duderstadt einen entfernten Verwandten, der dort als Dentist tätig war, fragen könnte, ob ich bei ihm als Dentistenlehrling eine Ausbildung machen könnte. Den Beruf des Dentisten gibt es heute – soweit ich weiß – nicht mehr. Es waren Zahnärzte, die vom Technischen herkamen, aber kein volles Medizinstudium absolviert hatten. Dentisten waren zum Teil sehr gefragte und tüchtige Leute.

Die segensreiche Einrichtung des Telefons kam uns zur Hilfe. Meta erklärte, was unser Anliegen sei, und Gott sei Dank spielte der Mann mit. Zirka eine Woche später kam ein Brief, in dem ich aufgefordert wurde, mich bei ihm als Lehrling vorzustellen. Da ich noch nicht volljährig wäre, müsste ich aber eine zeichnungsberechtigte, volljährige Person mitbringen. Das war die Legitimation für Susi. Mit diesem Schreiben bewaffnet, wanderte Tante Selma zu den Ämtern, die ihren Segen geben und jede Menge Stempel auf den Berechtigungsschein knallen mussten. Das Bemühen hatte Erfolg. Wir bekamen Fahrkarten für Ende Oktober.

Die Zwischenzeit nutzten wir, um unsere Tragetaschen zu Schultertaschen umzufunktionieren, damit wir beide Hände frei hatten. Unter die Tragegurte montierten wir ein leichtes Polster, damit die Riemen nicht allzu sehr einschnitten. Das Rucksackpacken war übrigens eine große Kunst, die wir, genau wie das Kofferpacken, im Krieg bis zur Vollendung ausreiften. Bei einem Koffer musste alles möglichst nicht gefaltet und flach hingelegt werden. Bei einem Rucksack musste bis auf die großen Teile alles gerollt und zusammengepresst werden. Auf diese Art und Weise bekam man unheimlich viel verpackt, und außerdem zerknitterten die gerollten Sachen nicht so, als wenn sie gefaltet worden wären.

Am Morgen unserer Abreise war es bitterkalt. Doch wir zogen uns im Zwiebelschalensystem an – Bluse, zwei Pullover, zwei Schlüpfer –, um möglichst viel mitnehmen zu können. Unsere Taschen waren mit reichlich Proviant gefüllt, weil wir schon ahnten, mehrere Tage über die Grenze zu brauchen.

Zunächst lief alles wie am Schnürchen. Der Zug zu dem Grenzort war leer, da theoretisch niemand Fahrkarten kaufen konnte. So genossen wir die Aussicht ins schöne Thüringer Land und wurden nur einmal aufgeschreckt, als wir kontrolliert wurden. Von einem Bahnbeamten in Begleitung eines Russen. Sie stellten ein ziemliches Kreuzverhör mit uns an, waren aber schließlich von den vielen Stempeln auf der Bescheinigung überzeugt und marschierten ab. Wir lehnten uns erleichtert zurück.

Da der Zug eiskalt war, schlug Susi den Kragen ihres DRK-Mantels hoch, und ich erstarrte beim Anblick eines großen Parteiabzeichens. Mit dem Hakenkreuz. Wenn Susi nur eine Minute vorher den Kragen hochgeschlagen hätte, wäre das unser Verhängnis geworden. Aber was sollten wir nun mit dem Abzeichen anfangen? Kurzentschlossen stemmten wir mit aller Gewalt das Fenster einen Schlitz auf und schmissen es heraus. Damit war die unrühmliche Ära Adolf Hitler beziehungsweise des Nationalsozialismus für uns erledigt.

Auf dem Bahnhof in Duderstadt war Hochbetrieb. Ich weiß nicht, woher die dort mit Kind und Kegel und Gepäck stehenden Flüchtlinge kamen. Aber wir gerieten zwischen sie und wurden in ein nahegelegenes leerstehendes Barackenlager des ehemaligen Arbeitsdienstes verfrachtet. Dieses riesige Lager wimmelte von Menschen, die sich in den letzten vierzehn Tagen an der Grenze gesammelt hatten und nicht weiter konnten. Sie waren sich selbst überlassen. Der einzige Komfort waren erneut Strohschütten auf der Erde. Doch es war schwer, überhaupt ein freies Fleckchen zu finden, wo man sich niederlassen konnte.

Schließlich kamen uns zwei junge Männer zur Hilfe, die unsere Suche verfolgt hatten. Sie nahmen uns mit in ihre Baracke, wo wir sogar eines der vielbegehrten Eckplätzchen bekamen. Es waren geschätzte zwanzig Personen in dem Raum untergebracht. Unsere beiden Retter entpuppten sich als sehr nette Kumpels. Kurt war ein Landser, der nach Bremen oder Hamburg wollte. Dieser hatte sich mit einem jungen Flakhelfer von sechszehn oder siebzehn Jahren zusammengetan, der aus Aachen stammte und auf der Suche nach seinen evakuierten Eltern war. Doch diese hatte er nicht gefunden. Gepäck oder Essen hatten die beiden nicht. Wir hingegen hatten beides. Also wurde ein Deal beschlossen. Sie trugen unsere Rucksäcke und wir verpflegten sie dafür mit.

Natürlich hat sich dies langsam entwickelt, weil wir zunächst gar nicht wussten, wie es weiterging. Zwei oder drei Tage haben wir in dem Lager gelegen und bitterlich gefroren. Kurt und der Pimpf – an dessen richtigen Namen ich mich nicht erinnern kann – streunten stets im Lager herum, um die neuesten Nachrichten zu erfahren.

Plötzlich standen sie vor uns und sagten: „Es geht los! Wir müssen hier weg, es ist Diphtherie ausgebrochen. Jetzt wollen uns die Russen loswerden.“

Und tatsächlich, schon einige Zeit später fuhren viele LKW vor und wir wurden auf die Ladeflächen gehievt. Dort bekamen wir das gesamte Flüchtlingselend zu sehen und zu spüren. Neben Susi und mir stand eine Frau mit Kinderwagen, die herzzerbrechend weinte, weil ihr Kind so krank war. Als wir in den Wagen blickten, haben wir uns nur gegenseitig angesehen, denn man konnte sofort erkennen, dass das Kind schon tot war. Wir hätten ebenfalls weinen mögen und waren froh, dass die LKW nach relativ kurzer Fahrt anhielten und uns auf einer großen Hauptstraße absetzten.

Doch über die ganze Breite der Straße staute sich bereits ein Flüchtlingstreck in unübersehbarer Länge. Wir reihten uns ein und marschierten mit. Da wir nun selbst nur die Taschen und nicht mehr die Rucksäcke trugen, kamen wir rascher voran, als die armen Leute, die sich mit Koffern, Kinderwagen, bepackten Fahrrädern und anderem abplagen mussten. Rechts und links neben der Straße war schon jede Menge fortgeworfener Ballast gestapelt. An dem Nachmittag haben wir geschätzte sieben bis acht Kilometer geschafft.

Schließlich war es so dunkel, dass eine Zwangspause für die Nacht erforderlich war. Die erschöpften Menschen setzten und legten sich hin.

Wir kletterten eine Böschung hinauf und suchten uns ein Lagerplätzchen, das etwas außerhalb des Gewühls war. An sich waren wir guter Dinge, nur ich hatte physische Probleme. Denn ich hatte meine Periode bekommen. Natürlich wusste ich es schon vorher und hatte „alles dabei“. Das hieß zu damaligen Zeiten, ein Bindengürtel und selbstgenähte Stoffbinden mit Knopflöchern, die an die Knöpfe des Bindengürtels befestigt wurden. Eine Konstruktion, die natürlich nie festsaß, zumal wir damals keine Trikotslips trugen, sondern Schlüpfer mit weiten Beinen. Natürlich waren diese Stofflappen nicht saugfähig, von Hygiene also keine Spur. Es war ekelhaft. Durch das verkrustete Blut hatte ich mich wundgelaufen und trachtete nun danach, endlich einmal austreten zu können. Zu damaliger Zeit war man enorm prüde und ich als junges Mädchen sehr schamhaft, sodass ich nicht meine Notdurft hinter dem nächsten Busch erledigen konnte. Ich brauchte Sichtschutz, vor allem um mich neu zu versorgen. Dies ist mir erst mitten in der Nacht gelungen, als alles ruhig war, und ich mich in die Büsche schlagen konnte.

In dieser Nacht bewährte sich unser Zwiebelschalensystem. Die doppelte Schicht an Pullovern und so weiter hielt uns die schlimmste Kälte vom Leib. Dennoch froren und zitterten wir dem Morgen entgegen. An Schlaf war praktisch nicht zu denken.

Bei der ersten Dämmerung setzte der Treck sich wieder in Bewegung. Diesmal etwas schneller als am Vortag. Alle strebten der Grenze wie einem rettenden Ufer entgegen.

Doch plötzlich fielen ungefähr einen Kilometer vor uns Schüsse. Geschrei und Panik waren die Folge.

Alles schrie: „Die Russen schießen, die Russen schießen!“

Pferde scheuten, Kinder heulten und Bollerwagen stürzten um. Es war ein heilloses Durcheinander. Als es sich nach sicherlich zwei Stunden beruhigt hatte, ging es weiter. Nach weiteren fünf der insgesamt fünfundzwanzig Kilometern, stockte der Zug erneut, und es ging nur mühsam vorwärts. Pimpf setzte den Rucksack ab und marschierte nach vorne, um festzustellen, was los war. Er kam mit der erfreulichen Botschaft zurück, dass wir schon über der Grenze waren und auf westlicher Seite vom Roten Kreuz und Amerikanern in Empfang genommen werden würden.

Es stellte sich heraus, dass wir im Lager Friedland waren, das nach dem Krieg das größte Flüchtlingsauffanglager wurde. Durch die Entlassung der letzten Kriegsgefangenen 1956 wurde es zur Berühmtheit, als dort die Züge von Russland einliefen und sich die erschütterndsten Szenen auf dem Bahnhof von Friedland abspielten.

Endlich hatten wir es geschafft. Wir waren wieder im Westen, wenn auch noch nicht zu Hause. Die Organisation vom Roten Kreuz funktionierte hervorragend. Zunächst musste jeder durch die Desinfektion. Mit anderen Worten, wir marschierten durch eine Baracke und zogen unsere Mäntel und Oberkleidung aus. Diese wurde mit DDT-Pulver, mit einer Riesenspritze eingestäubt. Dann schnappte man sich uns, und wir bekamen jeweils eine Puderspritze in den Halsausschnitt vorne und den Halsausschnitt hinten, sodass hoffentlich unsere vermuteten Läuse das Zeitliche segneten. Doch wir hatten Gott sei Dank kein Ungeziefer. Dies war eine Prophylaxe der Amerikaner.

Die ganze Prozedur dauerte Stunden, weil wir in endlosen Schlangen standen. Zu bedauern waren vor allem die Mütter mit ihren Kindern. Sie waren zu Tode erschöpft. Vor uns stand eine Mutter mit vier kleinen Kindern. Susi und ich nahmen ihr jeweils ein Zwillingskind von ungefähr zweieinhalb Jahren ab und trugen sie auf den Armen, bis die ganze Entlausungsgeschichte hinter uns war.

Dann hieß es auf einmal: „Alles was nach Norden will, sammeln! In einer Stunde geht ein Transport Richtung Hannover.“

Wir vier beschlossen, diese Möglichkeit in Anspruch zu nehmen. Kurt wollte ja wirklich nach Hamburg, und wir vermuteten, von Hannover eher einen Zug nach Münster als vom naheliegenden Göttingen zu kriegen. Wo wir uns befanden, war uns sowieso nicht ganz klar. Von Heiligenstadt und Friedland hatten wir vorher kaum etwas gehört.

Also trotteten wir mit einer ganzen Herde zu den Bahngleisen. Es stellte sich heraus, dass der Sonderzug nur aus Viehwaggons mit Strohschütte bestand. Dennoch kletterten wir frohgemut in ein solches Abteil, und belegten wieder eine Ecke. Es dauerte noch gute zwei Stunden, bis der Zug mit Menschen gefüllt war, die lärmend durcheinander wuselten, ihr Gepäck verstauten und einander halfen, in die hohen Waggons zu klettern.

Schließlich ging es los. Wohin, wusste niemand. Wir konnten nichts sehen, da keine Fenster an den Waggons und nur an der verschlossenen Tür einige Gucklöcher waren. Das aufgeregte Schnattern verebbte allmählich und das gleichmäßige Rollen und Wummern versetzte uns in eine Art Lethargie.

Plötzlich wurde ich aus dieser durch ein seltsames Geräusch aufgeschreckt. Ich kam dahinter, dass unser Pimpf gewaltig mit den Zähnen klapperte. Auch Kurt hatte es bemerkt, und wir versuchten den Schüttelfrost des Jungen zu lindern. Er war nur mit einer dünnen Flakhelfer-Uniform bekleidet und seit Tagen unterkühlt.

Susi fiel wieder die kleine Flasche Wodka ein, die wir dieses Mal nicht als Lösegeld benötigt hatten. Also flößten wir dem Pimpf das Wässerchen ein. Denn Alkohol schadet nie! Susi zog ihren Mantel aus und deckte ihn über den kranken Jungen. Wir beide teilten uns meinen Mantel und kuschelten uns zusammen.

Es war die Nacht vom 31.Oktober auf den 1. November und sie war endlos. Draußen stürmte es gewaltig und es zog und pfiff durch die Wagenritzen. Im Dämmern hielt der Zug zum ersten Mal an. Die Türen wurden geöffnet und Susi und ich waren bei den Ersten, die aus dem Waggon sprangen, um in die nächsten Büsche zu hetzen. Unsere Blasen waren kurz vorm Platzen. Kaum hatten wir die Hosen wieder hochgezogen, standen britische Soldaten mit angelegtem Gewehr hinter uns und forderten uns auf, sofort wieder einzusteigen. Wir stellten fest, dass wir in Quakenbrück auf einem Truppenübungsplatz gelandet waren. Dieser

Ort war Susi bekannt, da sie sich hier zum Arbeitsdiensteinsatz gemeldet hatte. Weit oben im Emsland waren wir gelandet, aber es sollte noch weiter nach Norden gehen.

Wieder in den Waggon und wieder Rumpel, Rumpel und die bange Überlegung: Wo werden wir hingebracht? Landen wir in einem Internierungslager? Deportieren die Engländer auch Menschen zum Arbeitseinsatz?

Gegen Mittag waren wir am Ziel und konnten in Aurich in Ostfriesland deutschen Boden betreten. Dort war wieder alles bestens vom Roten Kreuz organisiert. Was uns allerdings irritierte, war, dass überall Kameras standen und diesen Elendszug mit den schreienden Kindern, verhärmten Müttern, alten Leuten und Kriegsversehrten filmten. Man hatte diesen Zug absichtlich nach Aurich geleitet, um einen Film über das Flüchtlingselend der Deutschen zu drehen.

Die tadellose Organisation im Auffanglager Aurich erstreckte sich auch auf den hygienischen Belangen. Es wurde eine riesige Toilettenanlage aufgebaut, nämlich zwanzig bis dreißig nebeneinanderliegende Sitz-an-Sitz-Plumpsklos über einem Graben, einem sogenannten Donnerbalken. Auf diesen stürzte sich die Menschenmenge. Die meisten waren seit unserer Abfahrt von Friedland nicht mehr in der Lage gewesen, ihre Notdurft zu verrichten. Wir hatten zwar Marmeladeneimer im Waggon stehen, aber wer wollte die benutzen?

Ich schaute mir also das Ganze an und entschied mich, zu warten, bis der Andrang sich gelegt hatte. Das dauerte natürlich ewig, aber mein spezielles Hygieneproblem mochte ich nicht der Öffentlichkeit preisgeben.

Diese Warterei auf einen günstigen Moment brachte mich schließlich um einen Hochgenuss. Susi und die beiden Jungs waren inzwischen in der großen Baracke im Speisesaal untergetaucht und löffelten eine Hühnersuppe mit echten Fettaugen, als ich dazu stieß. Jeder verdrehte die Augen wegen dieser Köstlichkeit. Allerdings hielten die Fettaugen die Hitze der Suppe unter Verschluss und ich verbrannte mir zunächst einmal den Mund am ersten Löffel. Ich habe noch nie heiß essen können.

Inzwischen war bereits Aufbruchsstimmung und wir wurden wieder einmal auf LKW verladen. Schweren Herzens ließ ich meine Suppe ungegessen im Blechnapf zurück. Vielleicht war das sogar mein Glück, denn den fettentwöhnten Mägen der Flüchtlinge bekam dieser plötzliche Fettfleck keineswegs.

Wir fuhren wieder einmal und wussten nicht,

wohin. Erst als wir ausstiegen, sagten uns Passanten, wir wären in Leer in Ostfriesland.

Dort wurden wir in einer Schule wieder einmal auf Strohschütten einquartiert. Unser Pimpf war von seinen Fieberattacken so geschwächt, dass er sich sofort hinlegte. Kurt beschloss, den Jungen mit nach Hause zu nehmen, da er in Aachen keine Unterkunft gefunden hätte. Also trennten sich am nächsten Tag unsere Wege. Denn uns wurde gesagt, wir könnten von Leer aus unsere Heimatziele anfahren.

Das war natürlich leichter gesagt als getan. Zunächst einmal mussten wir den Bahnhof suchen und herausfinden, wann ein Zug fuhr. Nach dem Abschied von Kurt und Pimpf – sie bedankten sich für die vielen Marmeladenbutterbrote und wir uns für das Tragen unserer Seesäcke – stapften wir los und hatten großes Glück.

Wir erwischten einen durchgehenden Zug nach Münster und fanden sogar in einem Großraumabteil viel Platz. So ein Großraumabteil muss man sich vorstellen wie einen Viertel-Waggon, der an Stirn- und Rückseite je eine Bank hat. Der Zwischenraum war aber frei für Kisten, Kasten, Fahrräder, Kinderwagen und alles, was man transportieren wollte und musste.

Der Zug hielt an jedem Katzendorf und die

landwirtschaftliche Bevölkerung stieg mit Körben und Kästen ein. Nach einigen Stationen war der Laden dicht. Susi und ich hatten nun einen Sitzplatz, und waren aufgrund unserer Erschöpfung heilfroh darüber. Nicht aber die Erwachsenen. Kaum waren sie im Zug, wurden wir aufgefordert, aufzustehen, um älteren Leuten Platz zu machen. Das hätten wir unter normalen Umständen sicher von selbst getan, aber auch, als wir erklärten, dass wir seit fünf Tagen unterwegs waren, hatte man kein Erbarmen.

Also standen wir von Leer bis Rheine und konnten uns nicht einmal anlehnen oder festhalten. In Rheine stiegen dann die Hamsterer aus Münster ein, was unsere Situation absolut nicht verbesserte.

Ich weiß nicht, wie lange heute ein Zug von Leer bis nach Münster braucht. Damals war jedenfalls der ganze Tag mit der Fahrt ausgefüllt. Erst am späten Nachmittag erreichten wir endlich Münster. Natürlich mussten wir wieder fünfhundert Meter vor den Bahnsteigen ein letztes Mal auf dieser Reise auf die Gleise hüpfen. Aber so kaputt wie wir waren, war es keineswegs einfach, mit unserem Gepäck die anderthalb Meter vom Trittbrett auf die Schottersteine zu springen.

Dann wieder einmal Schwellenhüpfen bis zum

Bahnhof und von dort aus auf kürzestem Wege, das heißt, Windhorststraße, Ludgeristraße, Prinzipalmarkt, Domplatz, Überwasserkirche, Wankelgasse, Jüdefelder Straße über die Promenade bis zur Studtstraße.

Es war ein Jahrhundertsturm über Nordwestdeutschland gefegt. Er hatte in den Ruinen gewütet und viele Giebel und Mauern, die noch notdürftig standen, umgestürzt. Außerdem auch zahlreiche Bäume der Promenade. Zum Räumen brauchte die Feuerwehr allerdings nicht zu kommen. Die Bevölkerung hatte sich schon mit Axt und Säge darüber hergemacht.

Es war bereits dunkel, als wir unser Elternhaus erreichten. Der körperlichen Erschöpfung nahe, schleppten wir uns zur ersten Etage hinauf. Als meine Mutter uns sah, schrie sie nur: „Kinder, wie seht ihr denn aus?“

Wir schmissen unsere Seesäcke und Taschen in eine Ecke und waren über die gemütliche Atmosphäre, die meine Mutter trotz der Enge, gezaubert hatte, begeistert. Essen und Trinken wollten wir nicht mehr – nur noch schlafen.

Jetzt, wenn ich siebzig Jahre später diese Zeilen zu Papier bringe, kann ich noch genau meine Gefühle von damals nachempfinden: Ich bin zu

Hause bei meinen Eltern, in Frieden. Wir haben ein Dach über dem Kopf und sind in Sicherheit.

Mit diesem Fluchterlebnis ging nicht nur für mich das eigentliche Kriegserleben zu Ende, sondern für die ganze Familie.

Dienstverpflichtung 1945

Bei meiner Rückkehr aus Gotha fand ich eine Aufforderung vom Arbeitsamt vor, dass ich mich umgehend melden müsste, da ich dienstverpflichtet wäre. Oh Schande, was mochte da auf mich zukommen? Um es kurz zu machen: Ich wurde dazu verdonnert, bei Familie T. als Dienstmädchen zu arbeiten.

Am 10. November 1945 marschierte ich zur Melcherstraße, wo Familie T. als Flüchtlinge in einer Kellerwohnung hauste. Sie waren gerade dabei, in eine wunderbare Wohnung zu ziehen, die ihnen ganz allein gehörte. Zum einen wegen der Stellung des Hausherrn und zum anderen, weil Frau T. gerade ihr viertes Kind erwartete und die anderen drei auch noch nicht schulpflichtig waren. Frau T. fühlte sich wie etwas Besseres und sah mich fortan als Gesinde an. Ihr Mann war fast zwanzig Jahre älter als sie, Jurist und an sich ein furchtbar netter Mensch – wenn er nur nicht das Badezimmer jeden Morgen in einem unzumutbaren Zustand hinterlassen hätte, das ich ohne Putzmittel säubern musste. Ich weiß nicht, ob ich das schon einmal geschrieben habe. In Bezug auf meine Wochen bei Familie H. in Reit im Winkl konnte ich besser ein bekleckertes Klo saubermachen, als verschleimte Waschbecken und Spiegel.

Nachdem wir umgezogen waren, stellte ich fest, dass Frau T. keineswegs die Arbeit erfunden hatte und ihre Schwangerschaft – ob berechtigt oder nicht – dazu nutzte, mir den Haushalt völlig zu überlassen. Sie war natürlich froh zu hören, dass ich bereits einige Erfahrungen mitbrachte. Jeden Morgen ging ich somit bei Eiseskälte mit einer Scheibe trockenem Brot im Bauch zur Jahnstraße und begann mit der mehr oder weniger schweren Arbeit.

Erstens waren die drei Kinder wahnsinnig unerzogen, zweitens erwartete die Frau von mir schier Unmögliches. Unter anderem führte sie mich in die Waschküche und zeigte mir einen gewaltigen Berg an Wäsche, da aufgrund der Flucht seit vielen Wochen nicht gewaschen werden konnte. Ich bekam ein Stück Kernseife und sollte diese Wäsche blütenrein waschen. Das einzige Waschmittel war also dieses Stück Kernseife, das ich aufrieb und im wassergefüllten Waschkessel, der angeheizt werden musste, auflöste. Dann kam zunächst die weiße Wäsche hinein und wurde gekocht, was unablässiges Nachlegen des Brennmaterials für das Feuer bedurfte. Nachdem die Lauge abgekühlt war, konnte ich die Teile dann herausfischen und auf einer Waschreibe gründlich durcharbeiten. Damit war ich einen Tag lang beschäftigt, da ich ja auch noch den übrigen Haushalt zu versorgen hatte. Das Spülen ging natürlich im eiskalten Wasser vor sich. Eine Wringmaschine war auch nicht da. Es war eine einzige Katastrophe. Am anderen Tag kam die Buntwäsche in die gleiche Lauge und bis ich mit dieser ganzen Misere fertig war, waren drei Tage ins Land gegangen, was bei Frau T. einigen Missmut erzeugte, da sie während dieser Zeit natürlich im Haushalt mitarbeiten musste. Die kostbare – inzwischen dunkle Wäschelauge – verwendete ich zusätzlich zum Wischen des gesamten Treppenhauses.

Für mein Mittagessen hatte ich ein Henkelmännchen von meiner Mutter mitbekommen. Das wurde im Wasserbad auf dem Ofen warm gemacht. Während Familie T. aufgrund ihrer vielen Kinderkarten, Mutterzuschlag und Lebensmittelkarten für damalige Verhältnisse ganz fürstlich aß, schluckte ich mein Kartoffelschalensüppchen runter.

Am schlimmsten war die Kälte. Ich besaß keine Handschuhe und wenn ich abends nach Hause ging oder morgens loswanderte, schlug mir der Frost in die Hände, die vom Waschen wund waren. Wer schon einmal Frost an Händen oder Füßen gehabt hat, weiß, wie grässlich das ist. Die Gliedmaßen schwellen an, jucken und schmerzen entsetzlich. Die Hände sahen so schlimm aus, dass meine Mutter sie, um Entzündungen zu vermeiden, mit schierem Glyzerin behandelte.

Ich bin bald an die Decke gegangen. Herr T. bekam mit, wie seine Frau mich ausnutzte und war immer väterlich wohlwollend zu mir. Unglücklicherweise schenkte er mir zu Weihnachten einen zum Kochtopf umgearbeiteten Stahlhelm. Ein billiges Ding aus heutiger Sicht, aber für damalige Zeiten ein kaum vorstellbar wertvolles Geschenk. Hinzu kam, dass er noch Plätzchen von seiner Frau abgeluchst und in den Topf gelegt hatte. Ich hätte ihm wirklich um den Hals fallen können, was ich aber klugerweise unterließ, weil Frau T. sehr eifersüchtig war. Durch dieses großzügige Geschenk spitzte sich die Lage noch weiter zu und ich hatte wirklich nichts zu lachen.

Während Herr T. trotz allem meinen Status als Offizierstochter und Zwangsverpflichtete respektierte und mich dementsprechend behandelte, war seine Frau der Meinung, ich wäre Gesinde und dementsprechend zu behandeln. Ich hatte einen maßlosen Zorn im Leibe. Ich war ja bereit, mich zu degradieren, aber nicht demütigend behandeln zu lassen.

Als ich zu Hause einmal die Sprache darauf brachte, meinte mein Vater nur: „Wir haben den Krieg verloren. Wir sind jetzt nobodys und auch du musst dafür bezahlen."

Friedensweihnacht 1945

Weihnachten 1945 dürfte als das am intensivsten empfundene Weihnachtsfest in die Geschichte der Deutschen eingegangen sein. Einerseits tiefstes Elend und Trauer über den Niedergang des Vaterlandes, die Vertreibung aus der Heimat, über Millionen junger Menschen, die nicht wiederkamen, die vermisst wurden oder in Gefangenschaft waren. Andererseits befreit von dem Albtraum des Krieges.

Wenn heute gesagt wird, dass wir den verlorenen Krieg als Befreiung empfunden hätten, so galt das nur für einen sehr begrenzten Personenkreis. Wir hatten den Krieg und die meisten auch ihr Hab und Gut verloren. Hunderttausende von Flüchtlingen strömten immer noch in den Westen und der Großteil der Bürger vegetierte in Kellerlöchern der Ruinen, primitiven Behelfsheimen oder Barackenlagern. Das Elend war unbeschreiblich. In dieser Situation kam unserer Familie das eigene Leid – Hunger, frieren, beengtes Wohnen, Drangsal durch die vermeintlichen Antifaschisten innerhalb unserer Wohnung – als relativ klein vor.

Mit großer Mühe hatten wir kleine Geschenke

gebastelt, aus Wollresten Handschuhe gestrickt, sogar sehr schöne, und Glückwunschkärtchen gemalt. Das Material bekamen wir aus Gotha geschickt. Unser Nesthäkchen Dagmar bekam mit ihren gerademal sechs Jahren für ihre Puppe Laura neue Kleidchen aus Stoffresten. Wir hatten sogar ein winziges Weihnachtsbäumchen ergattert, das von zwei Kerzenstümpfen beleuchtet wurde und mit ein paar selbst gebastelten Strohsternen und Lametta auf Vatis Schreibtisch stand.

Nachmittags gingen wir um sechszehn Uhr in den Weihnachtsgottesdienst der Dreifaltigkeitskirche, die ökumenisch genutzt wurde. Weder die Kirche und noch viel weniger der Prediger verstanden es, Weihnachtsstimmung aufkommen zu lassen. Frierend schlichen wir nach Hause und aßen bedrückt eine Brotsuppe, in die sich zur Feier des Tages einige Rosinen und ein paar Krümel Anis verirrt hatten. Die Brotsuppe füllte den Magen besser, als wenn man seine beiden dünnen Brotschnitten, die einem am Tage zustanden, belegt mit Daumen und Zeigefinger, gegessen hätte. Unser Radio, das wir erfreulicherweise wiederbekamen, trug auch nicht dazu bei, die Stimmung zu heben.

Dennoch war es traulich bei uns. Einigermaßen warm war der Wohnraum, ungefähr sechszehn Grad, was fast schon als Hitze empfunden wurde. Mit Wehmut dachte ich an das Vorjahresweihnachtsfest in Reit im Winkl zurück. Allein die zauberhafte, tief verschneite Natur war sehr tröstlich und ließ manchen Kummer vergessen und die Nähe Gottes spüren. Aber in Münster war es nur eiseskalt, grau und regnerisch und die Trümmer drückten die Stimmung noch tiefer.

Trotz allem war es ein tief inniges Weihnachtsfest für uns mit dem Gedanken, dass wir – außer meinem Onkel Kurt – keinen Menschen im Krieg verloren hatten.

Durch unsere Wohnung zog der Duft von köstlichem Gänsebraten und Rotkohl mit Schmalz. Das Pflopp der geöffneten Weinflaschen der Familie S. drang durch die Türen. Diese Familie wurde hinterher von Nachbarn als Plünderer entlarvt, da sie vor dem Eindringen in unsere Wohnung schon auf der Hedwigstraße eine Wohnung leergeräumt hatten. Vor Weihnachten hatten sie sage und schreibe drei fette Gänse im Keller liegen. Mit zwei Gänsen hatten sie alles nur Erdenkliche erkungelt und die dritte roch durch die ganze Etage, sodass uns das Wasser im Mund zusammenlief.

Es war geradezu eine Aufreizung zum Klassenhass.

Zurück in die Berge 1946

Im Januar spitzte sich die Versorgungslage noch mehr zu. Wir alle hatten sehr abgenommen, sodass man bei mir jede Rippe zählen konnte. Hinzu kam die demütigende Behandlung durch die Frau T, die ich allmählich nicht mehr ertragen konnte. Also wurde im Familienrat beschlossen, dass Susi und ich nach Reit im Winkl fahren sollten. Erstens, weil wir hofften, dort mehr Essen zu ergattern, zweitens, um meiner Zwangsarbeitsverpflichtung zu entfliehen. Außerdem hatte ich noch Bettwäsche, Bücher und Skier in Reit im Winkl und Susi ihre kleine Sägemaschine. All dies wollten wir von dort aus zurückschicken.

Es war mir eine große Genugtuung, Mitte Januar meinen Job als Dienstmädchen zu kündigen und mich mit Susi und Inge, die nach Garmisch wollte, frühmorgens auf das nächstbeste Trittbrett eines Zuges zu schwingen, Richtung Süden.

Bei Altenbeken war die Reise vorerst zu Ende, da dort die Schienen aufhörten. Wir mussten zu Fuß ein ganzes Stück gehen. Mit leichtem Gepäck war das überhaupt kein Problem. Dann mussten wir ein Stück an einem steilen Abhang entlang, wo Inge aus Versehen ihren Rucksack verlor. Zig

Wollknäuel, die sie darin verstaut hatte, kullerten den Berg herunter. Wir drei hinterher, aber bis wir alles wieder aufgesammelt hatten und den Abhang wieder hinaufgeklettert waren, dauerte es seine Zeit und wir bekamen im Anschlusszug natürlich wieder nur ein Trittbrett. Das waren wir zwar gewohnt, aber anschließend folgte eine Situation, die ich nicht noch einmal erleben möchte.

Der Viadukt bei Altenbeken war zerstört und notdürftig mit einer Holzkonstruktion repariert worden. Die ungefähr fünfhundert Meter musste der Zug im Schritt fahren Doch als wir nach unten schauten, stockte uns der Atem: Unmittelbar unter unserem Trittbrett blickten wir in einen Abgrund von ungefähr dreißig bis vierzig Metern. Wir klammerten uns an unsere Türgriffe und drehten die Köpfe zum Zug hin, um nicht in diese schwindelnde Tiefe schauen zu müssen. Am meisten irritierte uns das Geschrei der Leute am Fenster, die uns krampfhaft an den Kragen festhielten, weil sie Angst hatten, dass wir abstürzten. Die Zeit, die wir auf diese Art und Weise in Schrittgeschwindigkeit vorwärtskamen, erschien uns wie eine Ewigkeit.

Die weitere Fahrt war zum Glück passabel. In der Nähe der Zonen-Ostgrenze leerte sich der Zug etwas und wir bekamen zumindest innerhalb des Zuges einen Stehplatz. Stunde um Stunde verging, bevor wir spätabends in München ankamen. Von einem Anschlusszug war natürlich keine Rede. Erst morgens um sieben Uhr konnten wir weiter. Also suchten wir uns auf dem Bahnhof ein möglichst warmes Plätzchen, was wir auf dem Gitter einer Entlüftungsanlage der Toiletten fanden. Hauptsache etwas wärmer als bitterkalt.

Unser Weg mit Inge trennte sich. Sie fuhr nach Garmisch, wir nach Reit im Winkl, wo wir gegen Mittag ankamen. Strahlender Sonnenschein, tief verschneite Berge und das Gefühl von heiler Welt empfingen uns. Gleich neben der Post hatte Margarete K., ehemalige Lehrerin aus Münster und von uns Hete genannt, in einem kleinen Bauernhof eingeheiratet – mehr gezwungen, denn aus Leidenschaft. Sie erwartete mit ihren vierunddreißig Jahren ein Baby. Die Familien in Reit im Winkl – soweit sie von den großen Höfen stammten, und das waren praktisch alle Einwohner – wurden nicht bei ihrem Hausnamen benannt, sondern nach dem Hofnamen. Der Schorsch entstammte einem Meierhof. Dieser gehörte inzwischen einem entfernten Verwandten, da sein Vater den Hof heruntergewirtschaftet hatte. Der alte Meier, Sohn und Schwiegertochter mit Baby wohnten in dem umgebauten Stall des damaligen großen

Hofes. Winzig und unbequem, Toilette zwischen kleiner Küche und Stall, in dem sechs Kühe standen, die Hete – inzwischen perfekte Bergbäuerin – zu betreuen hatte.

Hete, freute sich enorm, als sie uns sah. Der erste Besuch aus der Heimat. Sie tischte uns spontan einen Brotkorb auf, einen gehörigen Klecks frischer Butter sowie köstlich fette Milch. Wir waren bloß blaue Magermilch gewöhnt und selbst diese bekamen wir nur, weil Dagmar als Kleinkind eine Zuteilung erhielt.

Nachdem Hete ihre Großzügigkeit vollendet hatte und uns in ihrem Bett schlafen ließ, machten wir uns auf den Weg zu den ehemaligen Vermietern meiner Mutter, Familie H., runter zum Bahnhof. Sie waren überrascht, uns zu sehen. Wahrscheinlich nicht nur aus Gewinnstreben, sondern auch aus schlechtem Gewissen, vermietete sie uns das Zimmer der Kinder, die für die Zeit unseres Aufenthalts auf den Dachboden verfrachtet wurden.

Wie sich herausstellte, war das schlechte Gewissen der Frau H. darauf zurückzuführen, dass sie inzwischen meine gesamten Bücher – und das waren nicht wenige und vor allem sehr schöne – gegen einen Tornister für ihren inzwischen eingeschulten Sohn eingetauscht hatte. Meine Skier waren ebenfalls nicht mehr da. Zu meiner besonderen Enttäuschung war auch die kleine Sägemaschine verschwunden. Sie hätte uns beim Basteln so gute Dienste leisten können.

Gott sei Dank kam zwei, drei Tage später von Zuhause eine Sendung mit Nägeln und einigen Sägeblättern, Fuchsschwänzen und so weiter. an, die wir gegen Naturalien eintauschen konnten.

Insgesamt war die Lage in Reit im Winkl mit der in den Städten überhaupt nicht zu vergleichen. Jeder hatte einen Garten und konnte daher Gemüse und Kartoffeln anpflanzen. Kaninchen, Weidevieh und Hühner, alles trug dazu bei, dass die Menschen dort wesentlich besser lebten. Erstaunlicherweise klagten sie jedoch mehr als die Menschen, die im totalen Elend hausten. Das konnten sich die Leute in Reit im Winkl gar nicht vorstellen.

Wieder einmal spürte ich, wie wesentlich die Natur zum Gleichgewicht der Seele beiträgt. Ich war glücklich, einfach nur glücklich wieder in Reit im Winkl zu sein, das Kaisergebirge vor Augen zu haben und die Glocken in meinem geliebten Kirchturm läuten zu hören.

Die Heldin unserer Familie
1946

Heute wird ja viel über die Leistungen der Frau im Krieg und in der Nachkriegszeit gesprochen. Aber was meine Mutter, damals fünfundvierzig Jahre alt und schlank wie eine Tanne, an Kraft und dem Mut der Verzweiflung geleistet hat, um unsere fünfköpfige Familie durch Not und Elend durchzubringen, ist mir heute noch schleierhaft.

Wir hatten leider keine großen Tauschwannen und lebten tatsächlich nur von den mageren Hungerrationen, die es auf unseren Lebensmittelkarten zu kaufen gab. Wirklich schmerzhafter Hunger und – noch schlimmer – ständige Unterkühlung, trieben meine Mutter dazu, eines Tages mit mir, einem leeren Koffer und Rucksack zum Bahnhof zu gehen. Wir hatten gehört, dass hin und wieder ein Zug nach Dortmund fuhr. Von da aus käme man weiter bis nach Wuppertal. Wir hatten Glück. Nach einer Stunde Wartezeit ergatterten wir einen leidlich guten Stehplatz auf einem Trittbrett und kamen glücklich in Dortmund an.

Dort erfuhren wir, dass die Züge nach Süden erst ab Dortmund-Barop eingesetzt werden konnten, da die Gleise noch zerbombt waren. Also machten wir uns auf den Weg. Wie gelangt man per pedes nach Barop? Ganz einfach: Man hüpft von Schwelle zu Schwelle für geschätzte fünf Kilometer. Von Barop aus ging es per Trittbrett weiter bis nach Wuppertal. Am späten Nachmittag erreichten wir unser Ziel, den Trümmerhaufen von Mutters Elternhaus.

Mein Onkel hatte inzwischen an die zerstörte Fabrik, deren Vorderfront jedoch stehengeblieben war, ein Behelfsheim gebaut. Zwei kleine Zimmer rechts für meine Großeltern, drei kleine Zimmer links für die Familie meines Onkels und dazwischen ein Bad mit Toilette.

Das Ziel unserer Reise war, Brennmaterial zu hamstern und vielleicht noch etwas Essbares. Ergo packte unsere Mutter und ich ihren Koffer voll Briketts und in eine Tasche Hamsterware, eine Flasche Leinsamenöl, Kartoffeln und ein Paar Schuhe. So bepackt fuhr die arme Frau den ganzen Weg nach Münster zurück.

Fast erdrückt von ihrem Gepäck, schleppte sie sich von Bahnhof zu Bahnhof, inklusive Schwellenhüpfen von Barop nach Dortmund. Schließlich in Münster angekommen, gingen wir zu Fuß vom Bahnhof über die Windthorststraße, weiter über den Domplatz bis nach Hause.

Dort angekommen, stellte sie ihre Last in unser Zimmer und sagte: „Kommt mal schnell mit. Bei Heitmeyer liegen viele verschüttete Kohlen.“ Heitmeyer war ein Möbelgeschäft gegenüber der heutigen Raphaelsklinik.

Sie lief mit uns den Weg zurück bis kurz vor dem Bahnhof, holte die mitgenommene Harke heraus und kehrte die verstreuten Kohlen zusammen, die wir dann in einen unserer Rucksäcke packten.

Und das alles an drei Tagen. Höchsteinsatz meiner Mutter für einige Stunden gewärmtes Zimmer und eine Pfanne voll Bratkartoffeln, die abscheulich schmeckten, weil das Leinsamenöl fast so widerlich wie Rizinusöl war.

Diese Fahrt nach Remscheid hat sie mehrfach wiederholt, wenn wir am Ende waren. Sie hat sich im wahrsten Sinne heldenhaft für unsere Familie eingesetzt. Dafür hat sie einen Platz im Himmel verdient.

Sie wurde achtundneunzig Jahre alt.

Fahrradstadt Münster
1946

Eine weitere Geschichte ist mir aus den Nachkriegsjahren in Erinnerung geblieben. In Münster musste man schon damals ein Fahrrad haben, sonst war man ein halber Mensch. Susi hatte ihr Fahrrad noch, unsere Freunde Hermann und Franz ohnehin. Nur ich hatte meines eingetauscht. Auf irgendeine Weise hatte Franz ein altes Fahrradgestell mit Rädern aufgetrieben. Die Restaurierung begann auf unserem Esszimmertisch, der für alles herhalten musste.

Das Fahrrad wurde zunächst entrostet und abgeschliffen, Räder und Kette gereinigt und dann eingeölt. Aber woher sollten wir Öl nehmen? Da kam uns das Carepaket von Frau H. zugute. Sie hatte uns eine Dose Ölsardinen geschenkt. Die Sardinen wurden natürlich verzehrt, aber das Öl wurde zum Ölen des Fahrrades verwendet.

Also tunkten wir Pinsel und Läppchen hinein und nach einiger Zeit lief das Fahrrad im wahrsten Sinne des Wortes wie geschmiert. Ob vor Freude darüber oder aus Unachtsamkeit; jedenfalls fiel uns die Sardinendose, die noch halb voll mit Öl war, vom Tisch herunter auf unseren guten Vorwerkteppich.

Allgemeiner Entsetzensschrei. Meine Mutter schrie, weil sie den Fettfleck nie wieder aus dem Teppich herausbekommen würde, und wir schrien, weil unser kostbares Maschinenöl futsch war.

Speckpfannkuchen am Nullpunkt 1947

Im Frühjahr 1947 war unsere Familie am Nullpunkt angekommen. Keine einzige Kartoffel mehr, kein Gemüse, nur für jeden eine Scheibe klebriges Maisbrot. Achthundert Kalorien täglich sind auf Dauer einfach zu wenig. Abgemagert, hungrig und deprimiert sinnierten wir, ob wir nicht doch jemanden kannten, wo wir vielleicht betteln konnten.

Plötzlich sagte mein Vater einen Namen.

„Wie bitte? Wer ist denn das?"

Es stellte sich heraus, dass mein Vater im Krieg einer Gutsfrau einen Gefallen getan hatte. Dafür hatte sie ihm gesagt, dass sie ihm ewig dankbar wäre. Die genauen Zusammenhänge hier auszubreiten, führe zu weit.

„Wo liegt denn das Gut?"

Nach kurzer Recherche kannten wir den ungefähren Weg dorthin. Aus damaliger Sicht ungefähr zwanzig Kilometer vor den Toren der Stadt. Doch wie sollten wir zu dem Gut kommen? Da meine Eltern nicht Radfahren konnten, kamen nur meine Schwester und ich in Frage.

Früh morgens mit nur einer der besagten Schnitte Brot und Muckefuck im Magen sausten wir los. Wunderschön, das Münsterland bei Sonnenschein. Aber je länger wir strampelten, desto langsamer wurden wir. Es war gerade zwölf Uhr mittags, als wir erschöpft aber tapfer die schwere Tür zur großen Küchentenne aufstemmten. Köstlicher Duft strömte uns entgegen.

Die Bäuerin (Merske auf platt) backte stapelweise Speckpfannkuchen für alle Hofleute. Die Merske war eine große, statiöse Frau, der man ansah, dass sie das Sagen im Haus und auf dem Hof hatte. Stark beeindruckt, stellten wir uns vor.

Als unser Name fiel, sagte sie nur: „Engels? Seid ihr seine Töchter?“

Nicken unsererseits.

„Na dann setzt euch mal hin.“ Schon standen zwei kolossale Speckpfannkuchen vor uns.

Was für ein Festschmaus für uns Ausgehungerte! Mit Mühe und Not stopften wir die Köstlichkeit bis auf den letzten Bissen herunter. Frischen Salat gab es auch noch dazu. Inzwischen hatte sich Frau E. zu uns gesetzt und machte es uns leicht, unsere verzweifelte Situation zu schildern. Wir hatten Erfolg. Fünfundzwanzig Kilogramm Kartoffeln in einem Säckchen und das auf Susis Gepäckträger gelegt. Darauf eine große Anzahl Möhren. Die mitgebrachten Taschen und Rucksäcke wurden gefüllt mit einer großen Scheibe fetten Speck, ein riesiges Stück von der Butterwelle, ein noch warmes Bauernbrot, zwei Gläser Marmelade, eine kleine Leberwurst und zwanzig Eier, einzeln in Zeitungspapier gewickelt. Welch ein Reichtum!

Gerade zu euphorisch traten wir den Heimweg an. Aber schon bei der Abfahrt stellten wir fest, dass die schwerbeladenen Räder schwierig zu dirigieren waren. Als wir mühsam bis Albachten gekommen waren, sagte Susi: „Du, ich muss mal schleunigst in die Büsche."

„Warte, bis wir zu dem Wäldchen kommen."

Bei dem Wäldchen lehnte meine Schwester ihr Rad an meines und ich stand steif und ungeduldig als Wach- und Warnposten dort. „Hoffentlich kommt sie bald wieder", dachte ich. Denn auch in meinem Bauch rumorte es. Der fette Pfannkuchen rächte sich in unseren ausgehungerten Eingeweiden.

Bis zum Stadtrand von Münster fuhren wir keuchend und mit der Kraft der Verzweiflung. Dann mussten wir erschöpft die Räder schieben. Noch nicht einmal anlehnen konnten wir unsere wertvollen Lastesel. Sie wären umgekippt und alle Kostbarkeiten hätten darunter gelitten.

Halb ohnmächtig kamen wir zu Hause an. Nur das Staunen, die Freude unserer Eltern und die

Gewissheit, dass unsere Mutter uns zu gegebener Zeit ein Festmahl bereiten würde, hielten uns noch auf den Beinen.

So war es auch. Als unser innerer Frieden in den Därmen wiederhergestellt war, saßen wir gemeinsam am festlich geschmückten Tisch und das Tischgebet fiel besonders herzlich aus.

Das Hungertöpfchen
1947

Das Besondere an dem kleinen Topf, der uns durch die Nachkriegszeit begleitete, war seine komisch-konische Form.

Diese gewährleistete, dass der Topf in unserem antiken Wohnzimmerofen bis nah an die Glut gedrückt werden konnte. Woher meine Eltern diesen bildschönen schmiedeeisernen, aber ziemlich nutzlosen, Jugendstilofen im Herbst 1945 ergatterten, entzieht sich meiner Erinnerung. Aber was er uns in dieser Zeit bedeutete, kann sich heute kein Mensch vorstellen.

Unsere fünfköpfige Familie hauste damals zusammengepfercht auf zwei kleinen Zimmern unserer großen Sechszimmerwohnung. Ohne Heizmöglichkeit, ohne Herd, ohne Wasserstelle. Wasser wurde aus dem winzigen Handwaschbecken der Toilette geholt. Nachdem der kunstvoll schmiedeeiserne Wohnzimmerofen bei uns Quartier fand, wurde es nur in dem Hungertöpfchen geholt und heiß gemacht. Der Topf fasste die Wassermenge von einer großen Kaffeekanne und stand immer gefüllt und eingeklemmt hinter dem Ofentürchen. Es dauerte Stunden, bis das Wasser heiß wurde. Der mit Wasser vermanschte

Kohlengrus glühte ungefähr dreißig Zentimeter unter dem Töpfchen und hatte nur wenig Heizkraft. Das komisch-konische Töpfchen hatte mit der Zeit eine fest eingebrannte Rußschicht angesetzt. Aber ohne dieses Töpfchen hätten wir nie heißes Wasser gehabt. Deswegen waren wir ihm von Herzen dankbar.

Das Hungertöpfchen blieb übrigens ein Heiligtum der Familie. Es war schief und scheel geklopft und zur Hälfte so schwarz mit Ruß verbrannt, dass es natürlich danach nicht mehr gebraucht wurde. In späteren guten Zeiten geriet es in Vergessenheit. Als ich es beim Auflösen der Wohnung meiner Eltern plötzlich in den Händen hielt, war ich ganz gerührt. Auch meine Kinder fanden es toll und so wurde es fester Bestandteil ihrer Sandkiste.

Meine Tochter Marion hat es, soweit ich weiß, immer noch in Dortmund. Denn zuletzt sah ich es bei meinen Enkeln im Sandkasten ihres Elternhauses in Herdecke. Ich erzählte den erstaunten Kindern die Geschichte. Die Not der damaligen Nachkriegsjahre konnten sie sich nur schwer vorstellen.

Das fleißige Lieschen
1947

Lieschen war die Freude und der Grund des bescheidenen Nachkriegswohlstands der Familie M., die später meine Schwiegereltern wurden, im damals grauen Kohlenpott Dortmund.

Lieschen war weiß und wohlgestaltet und legte zur großen Freude der Familie tagtäglich und zuverlässig ein Ei. Welch ein Reichtum! Wenn man eine Woche lang Lieschens Erzeugnisse sammelte, hatte man sechs Eier gleich ein Pfund Zucker, ein Viertel Pfund für den Haushalt, drei Viertel Pfund im Tausch gegen einen Eimer Kartoffeln. Nach einer Mahlzeit der kostbaren Knolle, war der zuvor üppig gefüllte Eimer immer noch voll, wurde bei einem gewieften Schwarzhändler weiter verschoben und so fort.

„Toll“, stellte der älteste Sohn fest, der gerade aus dem Krieg zurückgekehrt war und erkannte die Möglichkeiten, die ihm Lieschen bot.

So kam der Schneeball ins Rollen und es stellte sich schnell heraus, dass der Sohn des Hauses ein Talent in seinen Genen hatte, nämlich das Handeln. Eine den Zeiten angepasste Grundversorgung mit Lebensmitteln war somit für die Familie gesichert. Dies war Lieschens Eifer und der Cleverness des jungen Mannes zu verdanken.

Da der junge Mann, der Jahre später mein Ehemann wurde, auch passabel Englisch sprechen konnte, wurde er schon bald bei der Polizei als Dolmetscher zwischen MP, Military Police, und der deutschen Polizei angestellt. Dieser Dienst spielte sich hauptsächlich abends und in der Nacht im Dortmunder Rotlichtmilieu ab, sodass am Tage genug Zeit für den Schwarzhandel blieb.

Aus heutiger Sicht war es nicht ganz lupenrein, aber aus der Not heraus nahm es auch die Polizei damals nicht so genau. Jedenfalls litt Familie M. keinen Hunger, wie die meisten Familien, die im grauen Alltag kein weißes und kein fleißiges Lieschen hatten.

Kohlenklau im eiskalten Winter 1947

Es war kalt, so entsetzlich kalt im Winter 1947. Wochenlang zwischen minus zwanzig und minus fünf Grad.

„Und die verdammten Engländer stehlen uns die Kohle und haben am Anfang von der Gasselstiege eine riesige Kokshalde angelegt, sieben oder acht Meter hoch!“, so mein Vater.

Meine Schwester sagte: „Anfang der Gasselstiege? Das ist doch ganz gut zu erreichen.“

„Schon, nur ist das ganze Areal hermetisch abgesichert mit einem über zwei Meter hohen Maschendrahtzaun, der oben noch extra mit drei Reihen Stacheldraht abgesichert ist. Außerdem patrouillieren in regelmäßigen Abständen englische Soldaten um den Koksberg“, meinte mein Vater.

Egal! Unser gieriges Interesse war geweckt. Wir spazierten an den folgenden Tagen mehrmals um das Gelände herum und erkundeten die Lage. Da es sich um deutsche Kohle aus dem Ruhrpott handelte, die vom Feind erbeutet wurde, war mein ansonsten ehrpusseliger Vater bereit, mit uns gemeinsame Sache zu machen und die genauen Zeiten der Patrouille auszukundschaften. Natürlich konnte der Coup nur bei Dunkelheit stattfinden, doch zum Glück war es Ende November schon um fünf Uhr stockfinster.

Wir präparierten unsere bereits mehrmals bewährten Seesäcke, zogen uns zweckmäßig an – schwarze Skihose und Handschuhe, dunkle Pullis – und auf ging es. Im wahrsten Sinne des Wortes. Wir kletterten wie die Äffchen am Maschendrahtzaun empor, glitten bäuchlings zwischen den oberen Stacheldrähten hindurch und huschten nach gelungenem Absprung an der Hauswand entlang. Dann mussten wir über einen Weg schleichen, um an den riesigen und gefährlich wirkenden Koksberg heranzukommen. Eine Stunde Zeit stand uns bis zur nächsten Kontrolle zur Verfügung.

Vorsichtig, vorsichtig füllten wir unsere Rucksäcke – aber nur zur Hälfte voll. Sonst wären sie uns zu schwer geworden. Die vermaledeiten Kohlen hatten die scheußliche Manier, geräuschvoll herunter zu kullern. Wir passten teuflisch auf, dass der Berg nicht ins Rutschen kam. Geschafft! Wir halfen uns gegenseitig, die Seesäcke über die Schultern zu wuchten und schlichen leise keuchend zum Zaun zurück.

Meine Schwester kletterte zuerst bis zum Stacheldraht hoch und ich reichte ihr nacheinander die Säcke, die sie auf der anderen Seite herunterplumpsen ließ. Welch entsetzlich lauter Plumps!

Nun kletterte ich am Maschendraht hoch, aber – oh Entsetzen –, als ich mich zwischen dem Stacheldraht durchschlängelte, blieb ich mit dem Pullover hängen und kam weder vor noch zurück.

Ich bekam Panik und riss und riss, bis schließlich der kostbare Pullover nachgab und durch den Stacheldraht zerfetzt wurde. Susi stand unter mir, konnte mir aber nicht helfen. Katastrophe! Endlich konnte ich herunterspringen und wir traten schweißgebadet den Heimweg an.

Uns war durchaus klar, dass das Klauen nicht rechtens war. Aber die Not lernte nicht nur beten. Wir *klauten* außerdem nicht, sondern *fringsten*. Kardinal Frings hatte in Köln diese Notlüge ja selbst genehmigt.

Vierzehn Tage später glühte der dekorative Salonofen. Die Hitze vom Koks war zu hoch und die schmiedeeiserne Vorderfront des Wohnzimmer-Schmuckstückes bekam Risse. In unserem Hungertöpfchen färbte meine Schwester gerade Wolle. Plötzlich roch es so verbrannt und Susi schrie auf. Durch das Entweichen der Hitze hatte sich ein Loch in ihren Rock gebrannt. Furchtbar! Der schöne Rock!

Aus dem Hintergrund hörten wir Muttis Stimme: „Seht ihr, Unrecht Gut gedeiht nicht gut.“

Saurer Bismarckhering
1947

Es war ein rekordlanger harter Winter, oft mit minus zwanzig Grad.

Ich sinnierte, was ich als nerviger empfand: Beißend kalter Frost oder vor Hunger knurrender Magen? In diesem Moment kam meine Mutter ins Zimmer und rief erfreut: „Kinder, es gibt eine Sonderzuteilung auf Abschnitt 5 der Lebensmittelmarken. Ich glaube Fisch.“

Damit legte sie unsere fünf Lebensmittelkarten auf den Tisch und Susi und ich begannen ein Disput darüber, wer morgen in aller Herrgottsfrüh Schlange stehen sollte. Das Werfen von Groschen verhalf zu der Entscheidung. Ich natürlich.

Es war wichtig, sich im Zwiebelschalensystem warm anzuziehen. Ein warmes Unterhemd, ein rosa Flanellschlüpfer, darüber selbst gestrickte Wollhosen der Marke Liebestöter. Dann ein dünner selbst gestrickter Pulli, darüber ein ebenso entstandener dicker Rollkragenpullover und dazu noch den bunten Schal aus Wollresten. Wie gut, dass ich den warmen DRK-Mantel von meiner Tante geschenkt bekommen hatte. Er war zwar schon auf links gewendet, aber ein Schmuckstück. Über meine plattierten Seidenstrümpfe kamen noch dicke Socken und meine ohnehin schon zu großen Schnürschuhe. Mit dem Buch „Die Barrings“ im Umhängetäschchen und los ging es.

Die Ausgabestelle war an der Grevener Straße an der Ecke Gasselstiege. Die Zweierschlange reichte schon bis zur Schulstraße. Buch raus, in die Schlange einreihen und warten, warten, warten. Buch wieder rein, Hände trotz selbstgestrickter Handschuhe in die Manteltaschen gesteckt, aber die Finger waren schon weiß und abgestorben. Anfang der dritten Stunde stand ich kurz vor dem Ziel.

„He Leute, Schluss für heute. Ich habe nichts mehr.“

Das darf doch nicht wahr sein ... Zum Glück geht es morgen weiter. Wer ganz vorn stand, würde zuerst drankommen. Das glaubt doch kein Mensch.

Aber natürlich stand ich wieder früh da und kam nach nur einer Stunde, aber trotzdem wieder durchgefroren an die Reihe. Ich sauste nach Hause, warf den in Zeitungspapier gewickelten Fisch auf den Tisch und verkündete: „Es ist Bismarckhering.“

Mein Vater sagte: „Ist ne saure Angelegenheit.“

Meine Mutter kochte bereits seit zwei Stunden

Pellkartoffeln. Sie hatte für das Festessen den Tisch hübsch gedeckt. Der Hering war wirklich sehr sauer. Aber das allgemeine Schmausen der Familie wollte ich durch diese Wahrnehmung nicht stören.

„Köstlich“, war die allgemeine Meinung der anderen.

Jeder einen halben Hering und drei Kartöffelchen. Vier Stunden später heraus aus dem Bett und ab zur Toilette. Alles rückwärts gegessen, und zwar fünf Mal bis nur noch grüne Galle den Ausgang fand. Nur ich; alle anderen blieben verschont. Ist doch wohl klar, dass ich bis heute keinen einzigen Bismarckhering mehr gegessen habe.

Die Milchkanne
1947

Der bitterkalte Hungerwinter war der Höhepunkt unserer Nachkriegsleiden. Meine Eltern, Geschwister und ich vegetierten auf zwei kleinen Zimmern. Die großen, nur mit Rollglas dürftig vernagelten Fenster ließen die zwölf bis zwanzig Grad Celsius eisige Luft ungebremst in unser ungeheiztes Schlafzimmer wehen. Wir schliefen komplett angezogen und verkrochen uns auch tagsüber unter den Decken.

Ein Lichtblick war die Meldung: „Auf den Lebensmittelkarten gibt es für Kinder und Jugendliche einen halben Liter Magermilch." Zwei Liter für uns fünf Personen.

Ich stellte mich mit unserer Milchkanne, die aus leichtem amerikanischen Keksdosenblech gefertigt war, in die lange Schlange der Wartenden. Zwei Stunden später kam ich als Eiszapfen nach Hause. Zu der Zeit hatten wir schon einen eigenen Herd; es müsste also Ende 1947 gewesen sein. Zwischen unserem alten Kochherd und dem Schrank stand ein Stuhl. Dieser Stuhl war der beliebteste Platz von uns allen, da er der wärmste war. Durchgefroren setzte ich mich dorthin, in froher Erwartung, dass meine Mutter für uns aus der Milch etwas zaubern würde. Heute kann man sich nicht vorstellen, dass man damals nur mit Kohlengrus heizte, also krümeliger Braunkohle, die nur eine wirkliche Glut von sich gab, wenn man sie vorher mit Wasser mischte. Das Wasser für diese Prozedur stand immer in besagter Blechkanne bereit.

Meine Mutter wollte das Feuer für das Abendessen schüren, nahm die Kanne und merkte zu spät, dass sie die Milch in den Kohlengrus geschüttet hatte.

Ich brach in geradezu hysterisches Lachen aus, während meine Mutter vor Schreck wie versteinert den Tränen nahe war. Mein Lachen erboste sie so, dass sie die Kanne nahm und – rums – auf meinen Kopf sausen ließ. Der dumpfe Ton war erheblich erschreckender als der Schlag. Dennoch war ich empört, mit meinen siebzehn Jahren von meiner Mutter geschlagen zu werden.

Doch die Situationskomik siegte. Meine Schwestern, mein Vater und ich brachen mit Galgenhumor in schallendes Gelächter aus, bis schließlich auch meine Mutter wieder lächelte.

Die Situation war gerettet, aber leider nicht die Abendsuppe.

Gehasstes Brennholz
1947

Eines Tages kam mein Vater von einem Spaziergang im Schlossgarten zurück und sagte: „Da im Gebüsch liegt ein umgefallenes Bäumchen."

„Holz?"

„Natürlich. Es dürfte eine ganze Menge sein."

Auf geht's. Hermann, Franz, Susi und ich machten uns abends gegen halb neun auf den Patt und hatten eine halbe Stunde später das Bäumchen gefunden. Über die Länge von so sieben Metern erschraken wir. Zwar nicht sehr dick, aber frisch im Saft stehend und dementsprechend schwer. Zunächst dachten wir, wir packen diese Aufgabe nicht. Aber mit dem Triumph des Willens stemmte Franz das Wurzelende an, entschied sich dann jedoch anders. Er wusste, dass weder Hermann noch wir beiden Frauen in der Lage gewesen wären, den Baum hochzustemmen.

Das dünne Ende, an dem natürlich die Äste und das Laub bereits abgeschlagen waren, wurde der Größe nach zuerst auf Susis dann auf meine Schultern gehievt. Danach kam Hermann und als Größter und Stärkster übernahm Franz das dicke Ende. Aber schon als er seinen Teil schulterte, wurden Susi und ich fast in den Boden gedrückt.

Doch es half nichts. Wir mussten das Ding nach Hause kriegen. Zu allem Überfluss hatten wir Zeitdruck, da wir um zweiundzwanzig Uhr – Beginn der Sperrzeit – an der Studtstraße sein mussten.

Das schwerste Stück kam gleich zum Anfang. Denn das Schloss war ein einziger großer Trümmerberg. Wo heute das Foyer ist, führte ein schmales Fußpättchen über die meterhohen Trümmer. Als wir dieses geschafft hatten, kam ein weiteres Hindernis. Wir stemmten gemeinsam auf „Hau ruck" den Baum in die Höhe und schulterten ihn auf der anderen Seite. Hätten wir nur dicke Lappen oder etwas zum Unterlegen gehabt! Aber soweit hatten wir nicht gedacht. Für den zehn minütigen-Weg bis nach Hause haben wir über eine halbe Stunde gebraucht und waren nur froh, dass uns niemand beobachtete. Dieser Forstfrevel wäre dann doch sicher geahndet worden.

Indes muss gesagt werden, dass die Polizisten der damaligen Zeit, die natürlich die gleiche Not wie wir litten, oft wegschauten oder beide Augen zudrückten.

Total am Ende schmissen wir den inzwischen gehassten Baumstamm in unserem Garten auf die Erde. Dann setzten wir uns daneben und waren für die nächste halbe Stunde nicht ansprechbar.

Am anderen Morgen war alles vergessen und wir schritten, mit einer Bügelsäge bewaffnet, zur Tat. Aber von wegen:

„Ritsche, ratsche voller Tücke eine Lücke in die Brücke“, à la Wilhelm Busch.

Dieser grüne, saftige Baum war praktisch nicht zu durchsägen, zumal das Sägeblatt ziemlich stumpf war. So lag der Baum bis zum nächsten Frühjahr als eiserne Wärmereserve im Hof. Wir hatten keine Angst, dass er uns geklaut wurde.

Schwarzschlachten 1947

In einer bitterkalten Nacht des Jahres 1947 lagen wir fünf Familienmitglieder in unseren drei Betten und versuchten trotz der Kälte zu schlafen. Plötzlich drang ein entsetzlicher Schrei und angstvolles Gequieke durch das mit Rollglas vernagelte Fenster.

Mein Vater sagte: „Die Nachbarn schlachten schwarz, denen ist die Sau durchgebrannt."

Bis sie das Tier wieder eingefangen hatten, ging das angstvolle Gequieke mal laut, mal leise weiter. Nach einigen Minuten wurde es endlich wieder eingefangen. Mit dem verlockenden Gedanken an ein Stück Schweinebraten mit Sauerkraut und Kartoffelpüree schlief ich wieder ein.

Als ich am nächsten Tage auf dem Rückweg von der Schule die Grimmstraße Richtung Studtplatz entlanggging, sah ich schon von Weitem, dass das Ende der Straße abgesperrt war. Zwei Polizeiwagen standen vor einer großen Villa und eine Menge schaulustiger Menschen hatte sich hinter den Absperrseilen gesammelt.

Ich fragte: „Was ist denn hier los?"

Mein Nachbar erzählte mir: „Den Schneider und seine Haushälterin haben sie heute Nacht abgeschlachtet. Erst haben sie die beiden eine ganze Zeit lang durch Haus und Garten gejagt, bevor sie denen im Keller die Kehle durchgeschnitten haben."

Seine Frau ergänzte: „Mit der großen Schneiderschere."

Mir wurden die Knie weich. Ich schlich entsetzt die fünfzig Meter bis zu unserem Haus. Auch meine Eltern und Geschwister konnten das Gehörte nicht fassen.

„Wie entsetzlich. Die armen Leute", murmelte meine Mutter. „Gott, hab sie selig."

Wer hatte sich da so versündigt? Bekannt war, dass in der Villa ein Schwarzmarkt-Umschlageplatz war. Der Schneider galt als ein gewiefter Händler. Vermutlich war beim Handeln ein Streit entstanden, der in so grausamer Weise endete.

Merke: Nicht jedes Angstgeschrei stammt von einem Tier, das geschlachtet wird.